經典隨身讀・精選本

歷史的觀念
The Idea of History

柯林武德
R.G. Collingwood

R. G. Collingwood

THE IDEA OF HISTORY

First Edition 1946

Reprinted Lithographically in Great Britain

At the University Press, Oxford

From Sheets of the First Edition

1948,1949,1951

Reprinted by D. R. Hillman & Son, Ltd, Frome 1962

根據希爾曼父子公司1962年重印版譯出

出版説明

希羅多德(Herodoti)、黑格爾(G.W.F.Hegel)、盧梭(Jean-Jacques Rousseau)、亞當·斯密(Adam Smith)、凱恩斯(John Maynard Keynes)……，《經典隨身讀》中擇選的這些西方學者，或為一個時代的代表，或為一種思潮的先驅，他們的這些著作所蘊藏的思想財富和學術價值，久為學術界所熟知，是人類思想的精華，是我們前行的基礎。

閱讀原著，是親炙大師的最好方式，是認識理解這些學術經典的最直接的方法。但是，這些著作大多為鴻篇巨學，體系博大，因專業和研究的深入程度而帶有一定的抽象性，一般讀者不易於領悟。賦予這些經典著作以新的閱讀形式，成為現代出版人的現實責任。

《經典隨身讀》基於此種理念，邀請專家學者精選原著篇章，以靈活方式選錄近代西方學術界的殿堂級名著，並撰寫導讀，讓讀者可以從最短的篇幅，從最易切入的角度，掌握原著的精髓。這是一個新的嘗試，希望這套書能成為讀者認識著名學者、學説的入門書，同時也可以此作為自修讀本，豐富知識，充實自我。

商務印書館 編輯出版部謹識

選編者前言

柯林武德是英國著名的哲學家、歷史學家。他生於1889年，於1943年去世，終年只有54歲。其主要著作有《宗教與哲學》、《知識的圖式》、《哲學方法論》、《歷史的觀念》、《自然的觀念》等等。他英年早逝，不能不令人遺憾。但他留下不少未完成的手稿，特別是有關歷史哲學方面的論述，這也給我們一些欣慰。《歷史的觀念》一書被1995年的 *Times Literary Supplement*（《時代文學副刊》）評為第二次世界大戰後一百本最有影響的書之一。

柯林武德4歲開始學習拉丁文，6歲開始學習希臘文，與此同時他還閱讀自然科學方面的讀物。柯氏的父親是一位專業畫家，但在這方面似乎並不怎麼成功，然而他在考古學方面卻有着不同尋常的天賦。柯林武德曾當過他父親的助手，考古學的知識豐富了他的歷史觀念。1912年柯林武德被任命為牛津大學導師，主持過牛津的形而上學講座。他經常教導學生必須讀原著以了解作者本人的思想，不要輕信別人的批判。柯林武德一生都在致力於連結歷史學和哲學，批判實證主義的歷史思潮。他認為，用自然科學家研究自然事件的方法來研究歷史事件就混淆了自然過程和歷史過程。他說，歷史學家不能讓自然科學的方法牽着鼻子走，只有掙脫"實證主義謬誤的羅網"，史學才能發展。

"一切歷史都是思想史"是柯林武德歷史哲學的主要觀點之一。在柯氏看來，自然的過程是"單純事件的序列"，而"歷史的過程……是行動的過程，它有一個思想的過程所構成的內在方面；而歷史學家所要尋求的正是這些思想過程"。史學家不關心事件本身，而只關心成為思想的外部表現的那些事件。只有當這些事件能展示他正研究的思想之時，他才對它感興趣。歷史事件是人的產物，是人的思想的產物，不通過人的思想就沒辦法理解它。想要了解前人，就要了解他的想法，只有了解了歷史事實背後的思想，才算真正了解了歷史。

歷史的過程是一個思想的過程，如何去尋找這個過程呢？在柯林武德看來惟一的辦法就是在他自己的心靈中重行思想它們。"思想史，並且因此一切歷史，都是在歷史學家自己的心靈中重演過去的思想。"歷史學家研究的是一個死了的過去，而在某種意義上講它又是現在依然"活着的過去"。歷史學家研究的對象是一個歷程，而不只是事件。如果他不了解、不懂得一個過去行動背後的"思想"，那麼這個“過去的行動”就是死了的，因此也可以説毫無意義。歷史學家在研究過去背後的思想時，就要在自己的頭腦裏把這種思想重新加以組織，也就是説，要重演過去的經驗。歷史學家要在“自己的心靈中重演過去”，因此“歷史是過去經驗的重演”。

柯林武德強調歷史學與哲學的統一。他一生的工作都試圖在哲學與史學之間建立友好的關係。他認為歷史的研究離不開哲學的思考，因此他始終都把歷史研究與理論研究緊密地聯繫在一起。他堅決反對某些理論家和哲學家脱離歷史的實際、拋開歷史事實而空發議論的傾向。他反對傳統史學中迷信權威的剪刀加漿糊的史學。柯林武德認為，歷史哲學是“一種特殊的探討，它的任務應當是研究這一新問題或這一組新問題，即由有組織的和系統化的歷史研究之存在而造成的哲學問題”。《歷史的觀念》這本書的貢獻就在於此。

柯林武德這本書主要分為兩部分，第一部分第一編至第四編可以説是歷史哲學的歷史，講的是從希臘羅馬到20世紀歷史學家和哲學家們的歷史哲學思想(其中也不乏柯林武德的精彩論述)，導論和第五編“後論”則是柯林武德本人的歷史哲學思想。由於篇幅的限制，我們只好割愛，僅選柯林武德自己思想這部分，就是導論和“後論”也要刪掉一半。由於水平所限，肯定有不妥之處，望讀者批評指正。

張文杰

目 錄

導論

第一節　歷史哲學

本書是歷史哲學的一種嘗試。“歷史哲學”這一名稱是伏爾泰在18世紀創造的，他的意思只不過是指批判的或科學的歷史，是歷史學家用以決定自己想法的一種歷史思維的類型，而不是重複自己在古書中所找到的故事。黑格爾和18世紀末的其他作家也採用了這一名稱；但是他們賦予它另一種不同的意義，把它看作僅僅是指通史或世界史。在19世紀的某些實證主義者那裏可以找到這個詞語的第三種用法；對他們來說，歷史哲學乃是發現支配各種事件過程的一般規律，而歷史學的職責則是復述這些事件。

伏爾泰和黑格爾所加之於歷史“哲學”的任務，只可能由歷史學本身來履行；而實證主義者卻在試圖從歷史學裏不是得出一種哲學，而是得出一種經驗科學，就像氣象學那樣。在所有這些事例中，它都是一個支配着歷史哲學概念的哲學概念；對伏爾泰，哲學意味着獨立的和批判的思想；對黑格爾，哲學意味着把世界作為一個整體來思考；在19世紀的實證主義，哲學意味着發現統一的規律。

我使用的“歷史哲學”一詞和所有這些都不同；為了説明我對它的理解，我將首先談談我的哲學概念。

哲學是反思的。進行哲學思考的頭腦，決不是簡單地思考一個對象而已；當它思考任何一個對象時，它同時總是思考着它自身對那個對象的思想。因此哲學也可以叫做第二級的思想，即對於思想的思想。例如，就天文學這一事例而言，發現地球到太陽的距離乃是第一級思想的任務；而發現當我們發現地球到太陽的距離時我們到底是在做甚麼，便是第二級思想的任務了，在這個例子中即邏輯和科學理論的任務。

這並不是説哲學就是心靈科學，或者心理學。心理學是第一級的思想；它正是用生物學探討生命的同樣方法探討心靈的。它並不研究思想及其對象之間的關係，它直接把思想作為某種與其對象完全分離的東西來研究，作為世界上單純發生的某種東西，作為一種特殊的現象——一種能就其本身加以討論的東西——來研究。哲學從來不涉及思想本

哲學是反思的……當它思考任何一個對象時，它同時總是思考着它自身對那個對象的思想。

身；它涉及的總是它與它的對象的關係，因此它涉及對象正如它涉及思想是一樣之多。

哲學與心理學之間的這一區別，可以由這些學科對歷史思想所採取的不同態度來闡明；歷史思想是有關一種特殊對象的一種特殊思想，這種對象我們暫且規定為“過去”。心理學家自己可能對歷史思想感興趣；他可能分析歷史學家身上所進行的那種特殊的心靈事件；例如，他可以論證說，歷史學家就像藝術家一樣是建造起一個幻想世界的人，因為他們都太神經過敏了，因而不能有效地生活在這個現實世界之中；但是又與藝術家不同，歷史學家把這個幻想世界的投影顛倒過去，因為他們把他們神經過敏的起源與過去自己童年時代的事件聯繫起來，而且總是追溯過去，枉然企圖解決這些神經過敏症。這種分析可以深入鑽研細節，而且表明歷史學家對大人物(如愷撒)的興趣是怎樣表現了他對他父親的幼稚態度的，等等。我並不提示這種分析是浪費時間。我只是描述它的一個典型事例，以便指出它把注意力全都集中在原來的主客體關係中的主體項上。它只關心歷史學家的思想，而並不關心它的對象，即過去。對歷史思想的全部心理分析仍會是完全相同的，哪怕根本就沒有所謂過去這樣一種東西，哪怕愷撒是個虛構的人物，哪怕歷史學並不是知識而純粹是幻想。

對哲學家，需要注意的事實既不是過去本身(像是對歷史學家那樣)，也不是歷史學家關於過去本身的思想(像是對心理學家那樣)，而是這兩者處於它們的相互關係之中。與對象有關的思想不僅僅是思想而且是知識；因此，對心理學來説是純粹思想的理論，是從客體抽象出來的心靈事件的理論，對哲學來説就成了知識的理論。心理學家問自己：歷史學家是怎麼思想的？而哲學家則問自己：歷史學家是怎麼知道的？他們是如何領會過去的？反之，把過去作為事物本身來領會，例如説若干年以前確實發生過如此這般的事件，那卻是歷史學家的任務而不是哲學家的任務了。哲學家之所以關心這些事件並不是作為事物本身，而是作為歷史學家所知道的事情；他要問的並不是它們是甚麼樣的事件以及它們在甚麼時候、甚麼地方發生的，而是它們到底是甚麼才使得歷史學家有可能知道它們。

於是哲學家就必須思考歷史學家的心靈，但是他這樣做並不是重複心理學家的工作；因為對於他，歷史學家的思想並不是心靈現象的一個綜合體，而是一個知識的體系。他也思考過去，但並不是以重複歷史學家的工作的那種方式；因為過去對於他並不是一系列的事件，而是已知事物的一個體系。人們可以對於這一點說，哲學家就其思考歷史的主觀方面而言，就是一個認識論學家，就其思考歷史的客觀方面而言，就是一個形而上學家；但是這種說法，由於提示他的工作的認識論部分和形而上學部分是可以分別對待的，將是危險的，而且它也會是一個錯誤。哲學不能把認識過程的研究和被認識的事物的研究分別開來。這種不可能性直接來自哲學是第二級的思想這一觀念。

如果這就是哲學思維的一般特徵的話，那麼當我在"哲學"一詞之上再加一個"歷史"時，我的意思又是甚麼呢？在甚麼意義上才有一種特殊的歷史哲學，而與一般的哲學以及任何其他東西的哲學都不同呢？

一般都同意，在哲學的整體內也是有區別的，儘管有點不確定。大多數人都把邏輯學或知識論與倫理學或行為的理論區別開來；雖則作這種區分的人大多數也同意，認識在某種意義上也是一種行為，而且作為被倫理學所研究的那種行動也是(或者至少包括着)某種認識。邏輯學家所研究的思想，是一種目的在於發現真理的思想，因此也就是朝着一個目標而活動的例證；而這些都是倫理學的概念。道德哲學家所研究的行為乃是建立在甚麼是對的或錯的知識或信仰的基礎之上的行為，而知識或信仰則是認識論的概念。因此邏輯學與倫理學是聯繫在一起的，並且確實是不可分的，儘管它們各不相同。如果說有一種歷史哲學的話，那麼它和其他特殊的哲學學科的密切聯繫也並不亞於上述這兩門科學之間的相互聯繫。

於是我們就必須問，歷史哲學為甚麼應該成為一門特殊的研究課題而不應該歸入一般的知識論。在整個歐洲文明史上，人們在某種意義上都是歷史地在思想着的；但是我們很少去反思那些我們很容易就完成的活動。唯有我們遇到的困難，才把一種我們自己要努力克服困難的意識強加給我們。所以哲學——作為自我意識之有組織的和科學的發展——的題材，就往往取決於在某個特定時期裏人們在其中發現了特殊困難的那些特殊問題。要考察任何一個特定的民族在其歷史的任何特定時期中在哲學上的特別突出的論題，就要找出使他們感到正在喚起他們全部精力的那些特殊問題的徵象。而邊緣的或輔助性的論題則顯示出他們並沒有感到有甚麼特殊困難的那些東西。

現在我們的哲學傳統是和公元前6世紀的希臘一脈相承的，那時思想的特殊問題乃是奠定數學的基礎這一任務。因此希臘哲學把數學放在它配景的中心；當它討論知識的理論時，它首先而且主要地是把它理解為數學知識的理論。

從那時起一直到一個世紀以前，歐洲歷史曾有過兩度偉大的建設性時代。在中世紀，思想的中心問題關注於神學，因此哲學問題產生於對神學的反思並且關注着上帝與人的關係。從16世紀到19世紀，思想的主要努力關注於奠定自然科學的基礎，於是哲學就把這種關係作為自己的主題，即把人類心靈作為主體而把它周圍空間中事物的自然世界作為客體這兩者之間的關係。當然，在整個這一時期，人們也在歷史地思想着，但是他們的歷史思想總是比較簡單的、甚而是起碼的；它沒有提出有甚麼是它發現不好解決的問題，而且從來沒有被迫思考過歷史思想本身。可是到了18世紀，當人們已經學會了批判地思考外部世界時，他們就開始批判地思考歷史了，因為歷史學已開始被當作思想的一種特殊形式，而又不大像數學或神學或科學。

這種反思的結果便是：根據數學或神學或科學或所有這三種合在一起便能窮盡一般的各種知識問題的這一假設而出發的知識理論，已不再能令人滿意了。歷史思想有其自己的特殊的對象。過去包括着空間和時間上不再發生的特殊事件，這是不能用數學思維來加以領會的，因此數學思維領會的是在空間和時間中沒有特殊定位的對象，恰恰是這種缺乏特殊的時空定位才使得它們成為可知。過去也不能為神學思維所領會，因為神學思維的對象是一種單一的、無限的對象，而歷史事件則是有限的、多數的。過去也不能為科學思維所領會，因為科學所發現的真理都是通過觀察和實驗才被人知道是真的，觀察和實驗是由我們實際感知的東西提供例證的；但過去卻已經消失，我們有關過去的觀念決不能像我們證實科學的假說那樣來證實。因而各種打算說明數學的、神學的和科學的知識的知識理論，都沒有觸及歷史知識的特殊問題；而如果它們自認為提供了對知識的完備解說，那實際上就蘊涵着歷史知識是不可能存在的。

只要歷史知識並沒有遇到特殊困難並發明一種特殊的技術來解決它們從而把它自己強加於哲學家的意識時，那就不發生甚麼問題。但是當它發生時，像是大體說來在19世紀所發生的那樣，情況卻是：流行的各種知識理論都指向科學的特殊問題，並繼承了建立在數學和神學研究基礎之上的傳統，而在各個方面都在勃興的這種新的歷史技巧卻沒有被人顧及。所以就需要有一種特殊的探討，它的任務應當是研究這一新問題或這一組新問題，即由有組織的和系統化的歷史研究之存在而造成的哲學問題。這種新探討就可以正當地要求歷史哲學的稱

過去已經消失，我們有關過去的觀念決不能像我們證實科學的假説那樣來證實。

號，而本書便是對於這種探討的一項貢獻。

這種探討的進行可以期待着有兩個階段。首先，歷史哲學確實必須不是在一個密封艙裏設計出來的，因為在哲學上並不存在甚麼密封艙，而只是在一種相對孤立的條件下設計出來，被當作是對一個特殊問題的特殊研究。這個問題需要特殊的處理，正因為傳統的哲學沒有談到它；而它需要被孤立出來則是因為有一條普遍的規律，即凡是一種哲學所沒有肯定的東西都是它所否定的，以致於傳統哲學就蘊涵着歷史知識是不可能的。所以歷史哲學就不得不對它們置之不理，直到它能對歷史學是怎樣成為可能的建立起一種獨立證明為止。

第二個階段將是設計出這一哲學的新分支和舊的傳統學説之間的聯繫。對於哲學思想的整體的任何補充，都在某種程度上改變了已經存在的一切；而一種新哲學科學的建立，就必然要修改所有的舊哲學。例如，現代自然科學的建立以及由對自然科學的反思而產生的哲學理論的建立，就由於對三段論邏輯產生普遍的不滿並代之以笛卡爾和培根的新方法論而反作用於已經奠定的邏輯學；同樣的東西也反作用於17世紀從中世紀所繼承下來的神學的形而上學，並且產生了例如我們在笛卡爾和斯賓諾莎那裏所發現的新的上帝概念。斯賓諾莎的上帝是根據17世紀科學加以修改過的中世紀神學的上帝。所以，在斯賓諾莎的時代，科學的哲學已不再是由其他哲學探討中分化出來的一個特殊分支：它已滲透到一切哲學研究，並且產生了一套完全是以科學精神來構思的完整的哲學。在目前的情況下，這就意味着要根據狹義的歷史哲學所達到的結果而對一切哲學問題進行一次普遍的徹底檢查；它將產生一種新的哲學，那將是一種廣義的歷史哲學，也就是從歷史觀點所構思的一套完整的哲學。

在這兩個階段中如果本書代表第一個階段，我們就應該滿足了。我在這裏所努力做的就是對歷史學的性質做一番哲學的探討，把它看作是與一種特殊類型的對象有關的知識的一種特殊類型或形式，而暫時撇開更進一步的問題，即這一探討將怎樣影響到哲學研究的其他部門。

歷史學，也像神學和自然科學一樣，
是思想的一種特殊形式。

第二節　歷史學的性質、對象、方法和價值

甚麼是歷史學？它是講甚麼的？它如何進行？它是做甚麼用的？這些在某種程度上都是不同的人會以不同的方式來回答的問題。儘管有不同，答案在很大程度上還是一致的。如果答案是着眼於拋開那些根據不合格的證據所得來的東西而加以查考，那麼這種一致性就變得更緊密了。歷史學，也像神學和自然科學一樣，是思想的一種特殊形式。果真是這樣，對這種思想形式的性質、對象、方法和價值的各種問題，就必須由具有兩種資格的人來加以回答。

第一，他們必須具有那種思想形式的經驗。他們必須是歷史學家。在某種意義上，我們都是今天的歷史學家。所有受過教育的人，都經歷過一段包括有一定數量的歷史思維在內的教育過程。但這並不能使他們都有資格對歷史思維的性質、對象、方法和價值發表意見。因為首先，他們這樣所獲得的有關歷史思維的經驗，也許很膚淺；所以建立在這一基礎之上的見解，就不會比一個人建立在一次周末參觀巴黎的基礎之上的對法國人的見解更有根據。其次，通過同樣膚淺的通常教育渠道所獲得的無論甚麼經驗，總歸是過時的。這樣獲得的歷史思

維的經驗是按教科書塑造的，而教科書總是描述那些並非現實生活着的歷史學家現在正在思想着的東西，而是過去某個時候現實生活着的歷史學家所已經思想過的東西，當時原始材料正在被加工創造，而教科書便是從那裏面收集起來的。而且它還不僅僅是那種在收入教科書中之時就已經過了時的歷史思想的結果。它也是歷史思想的原則：即有關歷史思維的性質、對象、方法和價值的觀念。第三，與此有關的就是會出現由教育方法所獲得的一切知識都會帶有的那種特殊的錯覺：即最終定論的錯覺。當一個學生在無論哪個題目上是處於statu pupi1lari〔學生的地位〕時，他就必須要相信事物都是解決了的，因為教科書和他的教師都把它們看作是解決了的。當他從那種狀態中走出來並親自繼續研究這個題目時，他就會發現沒有甚麼東西是解決了的。他會拋開教條主義的，教條主義總是不成熟性的永遠不變的標誌。他要用一種新眼光來觀看所謂的事實。他要對自己說："我的老師和教科書告訴我，如此這般都是真的；但那是真的嗎？他們有甚麼理由認為那是真的，這些理由合適嗎？"另一方面，如果他脫離學生的地位後就不再繼續追索這個題目，那麼他就永遠不能使自己擺脫教條主義的態度。而這就使得他成為一個特別不適宜回答我所提出的問題

首先出現的是經驗，
其次才是對那種經驗的反思。

的人。例如，對這些問題大概沒有人能比一個在青年時讀過牛津大學文學士學位考試課程的牛津哲學家回答得更壞了，他曾經是學歷史的學生，並且認為那種幼稚的有關歷史思維的經驗就使他有資格説歷史是甚麼，它是講甚麼的，它是如何進行的，它是做甚麼用的。

回答這些問題的第二種資格是，一個人不僅應當具有關於歷史思維的經驗，而且還應當反思那種經驗。他必須不僅是一位歷史學家，而且還是一位哲學家；尤其是他的哲學思想必須包括特別注意歷史思想的各種問題在內。不這樣反思自己的歷史思維的人，可能成為一個很好的歷史學家(儘管不是最高一級的歷史學家)。但沒有這樣的反思，要成為一個很好的歷史教師甚至會更容易(儘管不是最好的那種教師)。但同時，重要的是要記住：首先出現的是經驗，其次才是對那種經驗的反思。即使最不肯反思的歷史學家也具有第一種資格。他擁有要加以反思的經驗；而當要求他加以反思時，他的反思有很好的機會可以很中肯。一個從來沒有在哲學方面做過很多工作的歷史學家，也許比一個在歷史學方面沒有做過很多工作的哲學家會以更明智和更有價值的方式來回答我們的四個問題。

因此我將對我的四個問題提出答案，我認為它是今天任何一個歷史學家都會接受的。在這裏，它們將是粗糙的和現成的答案，但它們將用來作為我們論題的暫行定義，而在論證進行的過程中它們將得到辯護和發揮。

a) 歷史學的定義

我認為，每一個歷史學家都會同意：歷史學是一種研究或探討。它是甚麼樣的探討，我暫不過問。問題在於，總的説來它屬於我們所稱的科學，也就是我們提出問題並試圖作出答案所依靠的那種思想形式。重要之點在於認識，一般地説，科學並不在於把我們已經知道的東西收集起來並用這種或那種方式加以整理，而在於把握我們所不知道的某些東西，並努力去發現它。耐心地對待我們已經知道的事物，對於這一目的可能是一種有用的手段，但它並不是目的本身。它充其量也只不過是手段。它僅僅在新的整理對我們已經決定提出的問題能給我們以答案的限度內，才在科學上是有價值的。這就是為甚麼一切科學都是從知道我們自己的無知而開始的：不是我們對一切事物的無知，而是對某種確切事物的無知——如國會的起源、癌症的原因、太陽的化學成分、不用人或馬或某種其他家畜的體力而抽水的方法。科學是要把事物弄明白；在這種

歷史學家們都會同意歷史學的程序或方法根本上就在於解釋證據。

意義上，歷史是一門科學。

b) 歷史學的對象

一門科學與另一門之不同，在於它要把另一類不同的事物弄明白。歷史學要弄明白的是哪一類事物呢？我的答案是res gestae〔活動事跡〕：即人類在過去的所作所為。雖然這個答案提出了各種各樣的進一步的問題，其中許多會引起爭論；但不管對它們可能做出怎樣的答案，這些答案都不會推翻這一命題，即歷史學是關於res gestae的科學，即企圖回答人類在過去的所作所為的問題。

c) 歷史學是如何進行的？

歷史學是通過對證據的解釋而進行的：證據在這裏是那些個別的就叫做文獻的東西的總稱；文獻是此時此地存在的東西，它是那樣一種東西，歷史學家加以思維就能夠得到對他有關過去事件所詢問的問題的答案。這裏，關於證據的特徵是甚麼以及如何加以解釋，又會有大量的困難問題提出來。但是在這個階段，我們沒有必要提這些問題。不管它們的答案如何，歷史學家們都會同意歷史學的程序或方法根本上就在於解釋證據。

d) 最後，歷史學是做甚麼用的？

這或許是比其他問題更困難的問題；回答這個問題的人要比回答我們已經回答過的那三個問題的人反思得更廣一些。他必須不僅反思歷史思維，而且也要反思其他事物；因為説某種東西是“為了”另外某種東西之用的，就蘊涵着A 和B 之間的一種區別，在這裏A對於某種東西是有用的，而B則是某種東西對其有用的那種東西。但是我將提示一個答案並發表一種沒有哪個歷史學家會加以反駁的見解，雖然它會進一步引起許多困難的問題。

我的答案是：歷史學是“為了”人類的自我認識。大家都認為對於人類至關重要的就是，他應該認識自己：這裏，認識自己意味着不僅僅是認識個人的特點，他與其他人的區別所在，而且也要認識他之作為人的本性。認識你自己就意味着，首先，認識成其為一個人的是甚麼；第二，認識成為你那種人的是甚麼；第三，認識成為你這個人而不是別的人的是甚麼。認識你自己就意味着認識你能做甚麼；而且既然沒有誰在嘗試之前就知道他能做甚麼，所以人能做甚麼的惟一線索就是人已經做過甚麼。因而歷史學的價值就在於，它告訴我們人已經做過甚麼，因此就告訴我們人是甚麼。

第三節　第一編至第四編的問題

我剛剛簡略概括的歷史的觀念是屬於近代的，在我於第五編中着手更加詳盡地發揮和闡述這種觀念之前，我打算先通過考察它的歷史來做說明。今天的歷史學家們都認為歷史學應當是：a) 一門科學，或者說回答問題；b) 與人類過去的活動有關；c) 通過解釋證據來進行；d) 為了人類的自我認識。但這並不是人們對歷史學的一貫想法〔……〕*

〔……〕

然而四千年以前，我們文明的先驅者們並不具備我們所稱為歷史的觀念的這種東西。就我們所能了解的而言，這不是因為他們具備了那種東西本身而沒有加以反思。這是因為他們並不具有那種東西本身。歷史學在當時並不存在。反之，這裏存在着某些在一定方式上類似我們所稱之為歷史學的東西；但就今天我們鑑定歷史學時所存在的四個特徵中的任何一個而言，那都與我們所稱之為歷史學的東西不同。

所以，像今天所存在的那種歷史學，在西亞和歐洲是最近的四千年裏形成的。它是怎樣發生的？叫做歷史學的那種東西，是經過哪些階段形成的？這就是以下第一編至第四編中將要提供一個有點枯燥而又概括的答案的問題了。

---

* 中括號中的省略號為選編者所加。下同。——選編者註

第五編　後論

第一節　人性和人類歷史

一　人性的科學

人希望認識一切，也希望認識他自己。而且他並不是在他所希望認識的事物之中惟一的一種(哪怕那對他自己來說，也許是最有興趣的)。沒有關於他自己的某種知識，他關於其他事物的知識就是不完備的；因為要認識某種事物而並不認識自己在認識，就僅僅是半認識，而要認識自己在認識也就是要認識自己。自我認識對於人類是可願望的而又是重要的，這不僅僅是為了他自己的緣故，而且是作為一種條件，沒有這個條件就沒有其他的知識能夠批判地被證明是正確的並且牢固地被建立起來。

在這裏，自我認識不是指關於人的身體的性質的，即關於他的解剖學和生理學的知識，甚至也不是關於他的心靈的知識(就其包括感覺、知覺和情緒而言)，而是指關於他的認識能力、他的思想或理解

力或理性的知識〔……〕

在着手理解我們自己心靈的性質時，我們應當用我們試圖理解我們周圍世界的同樣方式來進行——這看來似乎是個很好的建議。在理解自然世界時，我們是從認知現在存在的和繼續存在的特殊事物和特殊事件而開始的；然後我們通過看出它們是怎樣屬於一般典型以及這些一般典型是怎樣相互聯繫的，進而理解它們。這些相互聯繫我們稱之為自然規律；正是由於確定了這樣的規律，我們就理解了它們所適用的各種事物和事件。同樣的方法看來似乎也適用於理解心靈的問題。讓我們從盡可能仔細地觀察我們自己的心靈和別人的心靈在特定環境之下的行為方式來開始，然後在熟悉了精神世界的這些事實之後，就讓我們來試圖確立支配它們的規律。

這裏就提出了一種"人性的科學"的建議，它的原則和方法是根據與自然科學所使用的原則和方法的類比而構思的。這是一個古老的建議，特別是在17世紀和18世紀當自然科學的原則和方法剛剛被完善並正在成功地應用於研究物理世界的時候提出來的。當洛克從事研究那種理解能力時——那種理解力"把人類置於其他有知覺的生物之上，而且賦給他以統治其他一切的便利和權力"——他那計劃的新穎

通過對心靈的解剖我們才能發現心靈的能力和原則。

性並不在於他希望獲得有關人類心靈的知識，而在於企圖靠類似於自然科學方法的方法來獲得它：收集被觀察到的各種事實，並按分類的規劃整理它們。他自己把他的方法描述為一種“歷史的、樸素的方法”，也許是含混不清的；但是他的繼承者休謨則努力要想説清楚，人性科學所遵循的方法與他所理解的物理科學的方法是同一的。他寫道，它的“惟一的堅實基礎，必須置諸經驗和觀察的基礎之上”。里德[①]在其《人類心靈研究》一書中，(如有可能的話)甚至於更加明確。“我們所知道的有關人體的一切都是由於解剖學的分析和觀察，而且必定也須通過對心靈的解剖我們才能發現心靈的能力和原則”。從這些先驅者那裏便得出了全部英格蘭和蘇格蘭的關於“人類心靈哲學”的傳統。

〔……〕

〔……〕與三個世紀以前的思想相比較，今天思想中真正的新要素乃是歷史學的興起。的確是在17世紀結束以前，曾經為物理學做出了那麼多的工作的同一個笛卡爾精神已經奠定了歷史學批判方法的基礎。[②]但是作為既是批判性的又是建設性的一種研究的這一近代歷史學概念——它的領域是人類過去的整體，它的方法是根據已寫出來的和未寫出來的文獻批判地進行分析和解釋而重建人類的過去

——卻直到19世紀還沒有建立起來，甚至於它的全部涵義也還沒充分展開。因此，歷史學在今天世界中就佔有一個位置，類似於物理學在洛克時代所佔有的位置：它被人承認是思想的一種特殊的和自律的形式，它剛剛被確立，它的可能性還不曾完全加以探索。正像17世紀和18世紀有些唯物主義者根據物理學在它自己領域的成功而論證了一切實在都是物理的一樣；在我們自己當中，歷史學的成功也引得某些人提示說，它的方法適用於一切知識問題，也就是說，一切實在都是歷史的。

我相信這是一個錯誤。我認為，那些斷言這一點的人正犯了唯物主義者在17世紀所犯的同樣錯誤。但是我相信，而且在本文中我將試圖證明，他們所說的至少有着一種重要的真理成分。我將堅持的論題是，人性科學乃是想要理解心靈本身的一種虛假的企圖——是被與自然科學的類比所偽造出來的——並且研究自然的正確道路是要靠那些叫做科學的方法，而研究心靈的正確道路則是要靠歷史學的方法。我將爭辯說，要由人性科學來做的工作，實際上是要由、而且只能由歷史學來做的；歷史學就是人性科學所自命的那種東西，而當洛克說(不管他是多麼不理解他所說的話)這樣一種探討的正確方法是歷史的、樸素的方法時，他的話是對的。

自然的事物也和人類的事物一樣，
是處於經常的變化之中。

二　歷史思想的範圍[3]

那些主張一切事物都有歷史性的人，會把一切知識都溶解為歷史知識；與他們相反，我必須從試圖劃定歷史知識的固有範圍而開始。他們的論證，其方式大致如下。

歷史學研究的方法，無疑地是在應用到人類事務的歷史上而得到發展的；但那就是它們應用性的極限了嗎？在現在以前，它們已經經歷了重要的擴展：例如，有一個時期歷史學家們曾經研究出來了他們那僅僅應用於(包括着敘述材料的)書面材料的考據解釋的方法，而當他們學會把它們應用到考古學所提供的非書面的材料時，那就是一樁新事物了。難道一場類似的、而且甚至於更革命的擴展，就不能把整個的自然界都納入到歷史學家的網絡裏面來嗎？換句話說，難道自然的過程不確實就是歷史的過程，而自然的存在不就是歷史的存在嗎？

自從赫拉克利特和柏拉圖的時代以來，自然的事物也和人類的事物一樣，是處於經常的變化之中的，整個自然世界就是一個“過程”或者“變”的世界——這一點已經成為了老生常談。但是這並不是事物的歷史性的意義所在；因為變化和歷史完全不是一回事〔……〕

〔……〕

研究過去任何事件的歷史學家，就在可以稱之為一個事件的外部和內部之間劃出了一條界線。所謂事件的外部，我是指屬於可以用身體和它們的運動來加以描述的一切事物；如愷撒帶着某些人在某個時刻渡過了一條叫做盧比康的河流④，或者愷撒的血在另一個時刻流在了元老院的地面上⑤。所謂事件的內部，我是指其中只能用思想來加以描述的東西：如愷撒對共和國法律的蔑視，或者他本人和他的謀殺者之間有關憲法政策的衝突。歷史學家決不會只關心這兩個之中的任何一個，而把另一個排除在外。他進行研究的不是單純的事件(在這裏所謂單純的事件，我是指一個事件只有外部而沒有內部)，而是行動；而一個行動則是一個事件的外部和內部的統一體。他對渡過盧比康河感興趣僅僅在於這件事和共和國法律的關係，他對愷撒的流血感興趣僅僅在於這件事與一場憲法衝突的關係。他的工作可以由發現一個事件的外部而開始，但決不能在那裏結束；他必須經常牢記事件就是行動，而他的主要任務就是要把自己放到這個行動中去思想，去辨識出其行動者的思想。

就自然界來說，一個事件並不發生內部和外部之間的區別。自然界的事件都是單純的事件，而不

歷史學家不是在看着它們(歷史事件)
而是要看透它們，
以便識別其中的思想。

是科學家們努力要探索其思想的那些行動者們的行動。的確，科學家也像歷史學家一樣，必須要超越於單純地發現事件之外；但是他所前進的方向卻是大不相同的。科學家決不把一個事件設想為一種行動，並試圖重新發現它那行動者的思想，從事件的外部鑽入它的內部去；而是要超出事件之外，觀察它與另外事件的關係，從而把它納入一般的公式或自然規律。對科學家來說，自然界總是、並且僅僅是"現象"——並不是在它的實在性方面有甚麼缺陷的那種意義上，而只是在它呈現於他的智力觀察面前成為一種景觀的那種意義上。但歷史事件卻決不是單純的現象，決不是單純被人觀賞的景觀，而是這樣的事物：歷史學家不是在看着它們而是要看透它們，以便識別其中的思想。

在這樣滲透到事件內部並探測着它們所表達的思想時，歷史學家就在做着科學家所不需要做、而且也不可能做的事。在這方面，歷史學家的任務就比科學家的任務更為複雜。在另一方面，它卻又更簡單：歷史學家不需要也不可能(除非他不再是一位歷史學家)在尋找事件的原因和規律方面與科學家競賽。對科學來說，事件是由於知覺到了它而被發現的，而進一步研究其原因則是通過把它加以歸類並決定這一類與其他類之間的關係來進行的。對歷史學來說，所要發現的對象並不是單純的事件，而是其中所表現的思想。發現了那種思想就已經是理解它了。在歷史學家已經確定了事實之後，並不存在再進一步去探討它們的原因的這一過程。當他知道發生了甚麼的時候，他就已經知道它何以要發生了。

〔……〕

因此，自然的過程可以確切地被描述為單純事件的序列，而歷史的過程則不能。歷史的過程不是單純事件的過程而是行動的過程，它有一個由思想的過程所構成的內在方面；而歷史學家所要尋求的正是這些思想過程。一切歷史都是思想史。

但是歷史學家怎樣識別他所努力要去發現的那些思想呢？只有一種方法可以做到，那就是在他自己的心靈中重行思想它們。一個閱讀柏拉圖的哲學史家是在試圖了解，當柏拉圖用某些字句來表達他自己時，柏拉圖想的是甚麼。他能做到這一點的惟一方法就是由他自己來思想它。事實上，這就是當我們說“理解”了這些字句時，我們的意思之所在。因此，面前呈現着有關尤里烏斯·愷撒所採取的某些行動的敘述的政治史家和戰爭史家，乃是在試圖理解這些行動，那就是說，在試圖發現在愷撒的心中是甚麼思想決定了他要做出這些行動的。這就蘊

思想史、並且因此一切的歷史，都是在歷史學家自己的心靈中重演過去的思想。

涵着他要為自己想像愷撒所處的局勢，要為自己思想愷撒是怎樣思想那種局勢和對付它的可能辦法的。思想史、並且因此一切的歷史，都是在歷史學家自己的心靈中重演過去的思想。

只有在歷史學家以他自己心靈的全部能力和他全部的哲學和政治的知識都用之於——就柏拉圖和愷撒的情況分別來説——這個問題時，這種重演才告完成。它並不是消極屈服於別人心靈的魅力之下；它是積極的，因而也就是批判的思維的一種努力。歷史學家不僅是重演過去的思想，而且是在他自己的知識結構之中重演它；因此在重演它時，也就批判了它，並形成了他自己對它的價值的判斷，糾正了他在其中所能識別的任何錯誤。這種對他正在探索其歷史的那種思想的批判，對於探索它的歷史來説決不是某種次要的東西。它是歷史知識本身所必不可少的一種條件。對於思想史來説，最完全的錯誤莫過於假定，歷史學家之作為歷史學家僅只是確定"某某人思想着甚麼"，而把決定"它是否真確"留給另外的人。一切思維都是批判的思維；因此那種在重演過去思想的思想，也就是在重演它們之中批判了它們。

現在就很清楚，為甚麼歷史學家習慣於把歷史知識的領域限於人事了。一個自然過程是各種事件的過程，一個歷史過程則是各種思想的過程。人被認為是歷史過程的惟一主體，因為人被認為是在想(或者說充分地在想、而且是充分明確地在想)使自己的行動成為自己思想的表現的惟一動物。人類是惟一終究能思想的動物這一信仰，無疑地是一種迷信；但是，人比任何其他的動物思想得更多、更連續而更有效，而且他的行為在任何較大的程度上都是由思想而不是由單純的衝動和嗜慾所決定的惟一動物——這一信仰或許是很有根據的，足以證明歷史學家的這條單憑經驗行事的辦法是正當的。

不能由此推論說，一切人類的行動都是歷史學的題材；而且歷史學家們也確實同意它們並不都是。但是，當他們被問到，歷史的和非歷史的人類行動之間的區別是怎樣加以劃分時，他們就有點茫然無措不知怎樣來回答了。從我們現在的觀點看來，我們可以提出一個答案：只要人的行為是由可以稱之為他的動物本性、他的衝動和嗜慾所決定的，它就是非歷史的；這些活動的過程就是一種自然過程。因此，歷史學家對於人們的吃和睡、戀愛，因而也就是滿足他們的自然嗜慾的事實並不感興趣；但是他感興趣的是人們用自己的思想所創立的社會習慣，作為使這些嗜慾在其中以習俗和道德所認可的方式而得到滿足的一種結構。

所以，雖然進化的概念已經由於以一種新的自然過程的概念代替了舊的自然過程的概念——即，在各種特殊形式的一個固定不變的體系限度之內的那種變化，被一種包括着這些形式本身在內的變化所代替——而徹底變革了我們的自然觀，它也決沒有使自然過程的觀念與歷史過程的觀念合而為一。不久前還流行着的在歷史的結構中使用“進化”一詞、並大談其國會之類的東西的進化的那種風尚，儘管在自然科學被看作是知識惟一真確的形式、而知識的其他形式為了要證明它們自身存在的理由就必須使自己同化於那個模式的那樣一個時代裏，乃是十分自然的；但它卻是思維混亂的結果和更加混亂的根源。

把自然過程看作最終是歷史的，只有一種可能根據的假說，那就是這些自然過程實際上乃是由成其為它們自身內部的一種思想所決定的行動過程。這就蘊涵着，自然事件乃是思想的表現，無論是上帝的思想，還是天使的或魔鬼的有限智力的思想，或者是棲居於自然界——就像我們的心靈棲居於我們的身體之內那樣——的有機體或無機體身上的(多少有點像我們自己的)思想。撇開純屬馳騁形而上學的幻想不談，這樣一種假說惟有在如果它能導致更好地理解自然時，才能要求我們認真注意。可是，事實上科學家卻可以很有道理地說它“je n'ai pas eu besoin de cette hypothèse”〔我不需要那種假說〕⑥，而神學家則會在任何暗示着上帝在自然世界中的活動竟然有似於有限的人類心靈在歷史生活條件下的行動的那種意見面前退縮下來。至少這一點是無疑的：就我們的科學知識和歷史知識而言，組成自然世界的事件的過程在性質上和組成歷史世界的思想的過程是不同的。

三　作為心靈的知識的歷史學

因此，歷史學就並不像它常常被錯誤地描寫成的那樣，是連續事件的一篇故事或是對變化的一種説明。與自然科學家不同，歷史學家一點也不關心各種事件本身。他僅僅關心成其為思想的外部表現的那些事件，而且是僅僅就它們表現思想而言才關心着那些事件。歸根到底，他僅只關心着思想；僅僅是就這些事件向他展示了他所正在研究的思想而言，他才順便關心着思想的外部之表現為事件。

在某種意義上，這些思想無疑地其本身就是在時間中發生着的事件；但是既然歷史學家用以辨別它們的惟一方式就是為他自己來重行思想它們，於是這裏就有了另外一種意義，並且對於歷史學家是一種非常重要的意義，而在這種意義上它們卻根本

歷史的探討向歷史學家展示了他自己心靈的力量。

就不在時間之中〔……〕

歷史的知識是關於心靈在過去曾經做過甚麼事的知識，同時它也是在重做這件事；過去的永存性就活動在現在之中。因此，它的對象就不是一種單純的對象，不是在認識它的那個心靈之外的某種東西；它是思想的一種活動，這種活動只有在認識者的心靈重演它並且在這樣做之中認識它的時候，才能被人認識。對於歷史學家來說，他所正在研究其歷史的那些活動並不是要加以觀看的景象，而是要通過他自己的心靈去生活的那些經驗；它們是客觀的，或者說是為他所認識的，僅僅因為它們也是主觀的，或者說也是他自己的活動。

可以這樣說，歷史的探討向歷史學家展示了他自己心靈的力量。既然他能夠歷史地加以認識的一切，都是他能為他自己重行思想的那些思想，所以他之得以認識它們這一事實就向他表明了，他的心靈是能夠(或者說是由於研究它們的這種努力本身，才變得能夠)以這些方式進行思想的。反之，只要他一發現某些歷史問題難以理解時，他也就發現了他自己心靈的局限性；他也就發現了有某些他所不能、或不再能、或尚未能進行思想的方式。某些歷史學家，有時候是整代的歷史學家，發現某些時期竟然沒有東西是可以理解的，便稱之為黑暗時代；

但是這樣的用語並沒有告訴我們關於這些時代本身的任何事，儘管它們告訴了我們很多有關使用它們的人的情況，即他們不能夠重行思想成為他們生活的基礎的那些思想。有人說過，die Weltgeschichte ist das Weltgericht〔世界歷史就是世界法庭〕[7]；這是真確的，但這種意義並不總是為人所認識。它是歷史學家自己站在審判台上，在這裏展示出他自己心靈的強或弱、善或惡來。

但是歷史知識不僅僅與遙遠的過去有關。如果說我們重行思想並且從而重新發現了漢謨拉比[8]或者梭倫[9]的思想，是通過歷史的思維；那麼我們發現一個朋友給我們寫信的思想，或者是一個穿行街道的陌生人的思想，也是通過同樣的方式。而且也沒有必要歷史學家是一個人，而他所探討的主體又是另一個人。都是由於歷史的思維，我才能夠靠閱讀我當時所寫的東西而發現十年前我在想甚麼，靠回想我當時所進行的活動而發現在五分鐘前我在想甚麼——而當我認識到我已經做了甚麼，那會使得我感到驚奇的。在這種意義上，一切關於心靈的知識都是歷史的。我能夠認識我自己心靈的惟一方式就是通過完成這樣的或那樣的一些心靈活動，然後考慮我已經完成的是甚麼行動。如果我想認識關於某個問題我是怎麼想的，我就要整理出我對它的觀

歷史知識就是人類心靈關於它自己所能有的惟一知識。

念，或用書面或用其他形式；這樣對它們加以編排和總結之後，我就可以作為一個歷史文獻來研究那個結果了，並且可以看出我在進行那項思維時我的觀念都是甚麼。如果我對它們不滿意，我可以重新進行〔……〕所有這些探討都是歷史的。它們都是通過研究已完成的事實、我已經思想過並表達出來了的那些觀念、我已經做過的那些活動來進行的。對於我剛剛開始和正在做着的事，還不能做出任何判斷。

同樣的歷史方法是我能用以認識別人的心靈或者一個團體或者一個時代的集體心靈(不管這個用語確切的意思是甚麼)的惟一方法。研究維多利亞時代的心靈或英國的政治精神，無非就是在研究維多利亞時代的思想或英國政治活動的歷史而已。在這裏，我們就回到了洛克及其"歷史的、樸素的方法"。心靈不僅在宣示而且在享受或享有既作為一般的心靈的、又作為具有這些特殊意向和能力的這種特殊心靈的性質，這都是以思維和行動在做出來表現個別思想的個別行動。如果歷史思維是一種可以探測表現於這些行動之中的這些思想的方式，那末看來洛克的話就擊中了真理，歷史知識就是人類心靈關於它自己所能有的惟一知識。所謂人性科學或人類心靈的科學，就把它自己溶解在歷史學裏面了。

〔……〕

如果把這種心靈科學與歷史學區分開來，那末應該怎樣來設想兩者之間的關係呢？在我看來，對這種關係可能有兩種供選擇的觀點。

有一種設想它的方式，是區別開心靈是甚麼和它做甚麼；把研究它在做甚麼，即它的特殊的行動，交給歷史學，而把研究它是甚麼留給心靈科學。用一種為人所熟悉的區別來説，它的功能有賴於它的結構，而在它那顯現於歷史中的功能或特殊行動的背後的，則是決定着這些功能的一種結構；它必須不是由歷史學而是由另外的一種思想來進行研究。

〔……〕

這種關於心靈科學的觀念，借用孔德著名的區分來説，就是“形而上學的”，它有賴於以神秘的實體來構成歷史活動各種事實的基礎這一概念；而另一種觀念則會是“實證的”，它有賴於那些事實本身之間的類似性或一致性的這一概念。按照這種觀念，心靈科學的任務就是探測在歷史本身之中反復重演的各種活動的類型或模式。

這樣一種科學是可能的，這是不成問題的，但是對它必須提到兩點。

心靈科學的任務就是探測在歷史本身之中反復重演的各種活動的類型或模式。

第一，根據自然科學的類比而對這種科學的價值所做的任何評價，都完全會引入歧途。自然科學中的概括化的價值，取決於物理科學的數據乃是由知覺所給定的這一事實，而知覺並不就是理解。所以自然科學的被觀察到的、而不是被理解了的(並且就其被知覺的個體性而言是不可理解的)原料，就是“單純的個體”。所以在它們的一般類型之間的關係中能發現某些可以理解的東西，便是知識的一種真正的進步〔……〕

〔……〕

第二，如果我們問一下這樣一種科學的概括化適用到甚麼程度，我們將會看到，它之要求超出歷史的範圍之外乃是毫無根據的。無疑地，只要把同類的心靈放在同樣的情況之下，各種類型的行為就會重複出現。具有封建男爵特徵的行為模式，只要有封建男爵生活在封建社會裏，無疑地就會是相當常見的。但是在一個其社會結構是屬於另一種類型的世界裏，要尋找它們就會是徒然的了，(除非是一個探討者滿足於最鬆散的和最離奇的類比)。為了使行為模式可以成為經常的，就必須有一種社會秩序存在，它經常反復地產生着某種特定的境況。但是各種社會秩序都是歷史事實，都服從着或快或慢的不可避免的變化。一種有關心靈的實證哲學無疑地將能建立起一致性和重複性，但是它卻不能保證它所建立的規律超出了它從其中抽出它的事實來的那個歷史時期之外仍將有效〔……〕

因此，把這樣一種實證的心靈科學看作是超出於歷史學的範圍之上並且建立了永恆不變的人性規律，就只有對於把某一特定歷史時代的暫時狀況誤認為是人類生活的永恆狀況的人才是有可能的。對18世紀的人來說，犯這種錯誤是很容易的，因為他們的歷史目光是如此之短淺，他們對與他們自己不同的文化的知識又是如此之有限，以至於他們可以欣然把他們自己那個時代一個西歐人的智力習慣地等同於上帝所賜給亞當及其一切後裔的智力才能〔……〕

人性，像每一種自然現象一樣，必須按照近代思想的原則被設想為是服從於進化論的；但是指出這一點並未能排除人性科學觀念本身中固有的謬誤。的確，對這一觀念的這樣一種修改只會導致更壞的結果。進化畢竟是一種自然的過程，是一種變化的過程；並且作為這樣一種過程，它就在創造另一種特殊形式時消滅了某一種特殊形式。志留紀的三葉蟲可以是今天哺乳動物（包括我們自己）的祖先；但是人類並不是一種土鱉。在自然過程中，過去乃是一種被取代的和死去了的過去。讓我們假

在歷史過程之中，
過去只要它在歷史上是已知的，
就存活在現在之中。

設，人類思想的歷史過程就是一個在這種意義上的進化的過程。由此而來的就是，任何一個給定的歷史時期所特有的思想方式就是當時人們所必須用以進行思想的方式，但是其他在不同的時代以不同的心靈模型而鑄就的人，就完全不可能用它來思想了。如果情況是這樣，那末就不會有真理這種東西了。按照赫伯特．斯賓塞所正確引出的推論，我們當成是知識的，僅只是今天思想的風尚；它並不是真確的，但在我們的生存競爭中卻是最有用的。桑塔亞納[10]先生也蘊涵有同樣的對思想史的進化觀點，他把歷史學貶斥為培養“重新過死人生活的那種學究氣的幻覺”，是只適合於“根本沒有忠誠可言而且不能或者害怕認識自己的那些心靈”的一門學科；人們並不是對“再發現以前所發現的或所珍視的那種本質”感興趣，而僅僅是對“從前人們曾一度抱有過某種這樣的觀念這一事實”感興趣[11]。

這些觀點的共同謬誤就在於混淆了自然過程和歷史過程；在自然過程中，過去在它被現在所替代時就消逝了，而在歷史過程之中，過去只要它在歷史上是已知的，就存活在現在之中。奧斯瓦爾德．斯賓格勒鮮明地認識到近代數學和古希臘人的數學之間的區別，並了解它們每一種都是自己的歷史時代的功能；他根據錯誤地把歷史過程認同為自然過程，卻正確地論證說，希臘數學對我們必定不僅是奇怪的，而且是不可理解的。但事實上，非但我們很容易理解希臘數學，而且實際上它還是我們自己的數學的基礎。它並不是我們能夠指出他們的名字和年代來的那些人所曾一度具有的數學思想的死去了的過去，它是我們現在數學研究的活着的過去，是一種(只要我們對數學有興趣的話)我們仍然作為一種實際的財富而在享受着的過去。因為歷史的過去並不像是自然的過去，它是一種活着的過去，是歷史思維活動的本身使之活着的過去；從一種思想方式到另一種的歷史變化並不是前一種的死亡，而是它的存活被結合到一種新的、包括它自己的觀念的發展和批評也在內的脈絡之中。像那麼多的其他人一樣，桑塔亞納先生首先是錯誤地把歷史過程等同於自然過程，然後又譴責歷史學乃是被他所錯誤地認為就是歷史學的那種東西。斯賓塞關於人類觀念進化的理論，把這一錯誤體現為其最粗糙的形式。

人類曾被定義為能夠利用別人經驗的動物。在他的肉體生活方面，這一點完全是不真確的：他並不因為別人吃過飯就得到了營養，或者因為別人睡過覺了就得到了恢復。但就其心靈的生命而言，則這一點是真確的；獲得這種效益的辦法就是靠歷史

人類曾被定義為
能夠利用別人經驗的動物。

知識。人類思想或心靈活動的整體乃是一種集體的財富，幾乎我們心靈所完成的一切行動都是我們從已經完成過它們的其他人那裏學着完成的。既然心靈就是心靈所做的事，而人性(如果它是任何真實事物的一個名字的話)就只是人類活動的一個名字；所以獲得完成特定行動的能力也就是獲得特定的人性。因此歷史過程也就是人類由於在自己的思想裏重行創造他是其繼承人的那種過去，而在為自己創造着這種或那種人性的過程。

這種繼承性不是由任何自然過程所傳遞下來的。要能佔有它，就必須由佔有它的那個心靈來掌握它；而歷史知識就是我們進行佔有它的那種方式。首先，並沒有一種特殊的過程叫作歷史過程，然後也沒有認識這一點的一種特殊的方式叫作歷史思想。歷史過程本身就是一種思想過程，而且它只是作為各種心靈而存在——這些心靈是它的組成部分，並且認識自己是它的組成部分。由於歷史思維，心靈——它的自我認識就是歷史——不僅在它自身之內發現了歷史思想所顯示其擁有的那些力量，並且實際上把這些力量從一種潛在的狀態發展成一種現實的狀態，使它們成為有效的存在。

因此，如果論證説，既然歷史過程就是一個思想過程，所以在它一開始時就必須已經存在有思想作為它的先決條件；而且一種關於思想是甚麼的闡述，其本身原來就必定是一種非歷史的闡述——這種論證就是一種詭辯了。歷史並不以心靈為先決條件；它就是心靈生活的本身，心靈除非是生活在歷史過程之中而又認識它自己是這樣生活着的，否則它就不是心靈。

〔……〕

歷史性也是一個程度問題。非常原始的社會的歷史性，與合理性在其中瀕臨滅絕的那些社會的單純本能生活是不容易加以區別的。當進行思維的場合和被思維的各種事物對社會生活變得更常見和更必要的時候，對思想的歷史繼承——那種思想是歷史知識所保存下來的、以前曾被人思想過的東西——就變得更為重要了，於是隨着它的發展便開始了一種特殊的理性生活的發展。

所以，思想並不是歷史過程的前提而它又反過來成為歷史知識的前提。只有在歷史過程、亦即思想過程之中，思想本身才存在；並且只有在這個過程被認識到是一個思想的過程時，它才是思想。理性的自我知識並不是一種偶然；那就屬於它的本質。這就是為甚麼歷史知識並不是奢侈，也不是心靈在緊張的工作之餘的一種單純享樂；它是一項首要的任務，履行這種任務不僅對於維護理性的任何特殊形式或類型而且對於維護理性本身，都是至關重要的。

四　結論

從我所試圖維護的論題中，仍然有待得出少數幾條結論來。

第一，有關歷史學本身的。近代歷史學的各種研究方法是在它們的長姊自然科學的方法的蔭蔽之下成長起來的；在某些方面得到了自然科學範例的幫助，而在別的方面又受到了妨礙。本文始終有必要對於可以稱之為實證主義的歷史概念，或者不如說是錯誤的概念，進行不斷的鬥爭。這種概念把歷史學當作是對於埋在死掉了的過去裏面的各種連續事件的研究，要理解這些事件就應該像是科學家理解自然事件那樣，把它們加以分類並確立這樣加以規定的各個類別之間的關係。這種誤解在近代有關歷史的哲學思想中不僅是一種瘟疫性的錯誤，而且對歷史思想本身也是一種經常的危險。只要歷史學家屈服於它，他們就會忽視他們的本職工作乃是要深入到他們正在研究其行動的那些行動者們的思想裏面去，而使自己只滿足於決定這些行動的外部情況——即它們那些能夠從統計學上加以研究的事物。統計學研究對於歷史學家來說是一個好僕人，但卻是一個壞主人。進行統計學上的概括對於他並沒有好處，除非他能由此而探測他所進行概括的那些事實背後的思想。在今天，歷史思想幾乎到處都在使自己掙脱實證主義的謬誤的羅網，並且認識到歷史學本身只不過是在歷史學家的心靈之中重演過去的思想而已；但是如果要收獲這種認識的全部成果，卻仍需要做更多的工作。各種各樣的歷史學謬誤現在還在流行着，這都是由於混淆了歷史過程和自然過程這兩者的緣故；不僅有較粗糙的謬誤把文化上的和傳統上的各種歷史事實誤認為像是種族和血統那樣的生物學事實，而且還有更精致的謬誤影響了歷史探討的研究和組織的方法，這裏要一一列舉它們就會太冗長了。但只有到了這些謬誤被根除時，我們才能看到歷史思想是怎樣終於能達到其固有的形式和高度，並能使長期以來為人性科學所提出的那些主張成為有效。

第二，有關過去曾企圖建立這樣一門科學的努力。

所謂有關人類心靈的各種科學的積極功能，無論是整體的還是部分的(我指的是這樣一些研究，諸如對知識、道德、政治學、經濟學等等理論的研究)，總是傾向於被人誤解的。從理想上説，它們被規劃為是對一種不變的題材的闡述，這一題材即人

歷史學本身只不過是在歷史學家的心靈之中重演過去的思想而已。

類的心靈，就像它過去一直是而且將來會永遠是的那樣。根本用不着熟悉它們就可以看出，它們決不是那麼一回事，而只是人類心靈在其歷史的一定階段上所獲得的財富的一份清單〔……〕

〔……〕

最後，還有一個應該派給心理學科學以甚麼樣的功能的問題。乍看起來，它的地位似乎是模棱兩可的。一方面，它自稱是一門心靈的科學；但是果真如此，它那科學方法的裝備就只不過是一種錯誤的類比的結果，而且它必定要過渡到歷史學裏面去，並且因此之故而告消失。只要心理學自命要處理理性本身的功能，這一點就肯定是要發生的。侈談推理的心理學或道德自我的心理學(這裏引用兩本為人熟知的書名)，乃是誤用了這些名詞並且混淆了問題，把一種它那存在和發展並不是自然的而是歷史的題材歸之於一種準自然主義的科學。但是如果心理學避免了這個危險並放棄干預嚴格說來是歷史學的題材的那種東西，它就很可能退回到純粹自然科學裏面去，而變成為研究肌肉運動和神經運動的生理學的一個單純的分支。

但是還有第三種選擇。在認識到它自身的合理性時，心靈也就認識到它本身之中有着各種不是理性的成分。它們不是肉體；它們是心靈，但不是理性的心靈或思想。借用一種古老的區分，它們乃是與精神不同的心靈(psyche)或靈魂。這些非理性的成分都是心理學的題材。它們是在我們身上的盲目力量和活動，而它們是人生的一部分，因為人生是在有意識地經歷着它自己的；但它們卻不是歷史過程的一部分，而是與思想不同的感知、與概念不同的感受、與意志不同的嗜慾。它們對我們的重要性在於，它們形成了我們的理性生活於其中的那個最貼近的環境這一事實，正如我們的生理有機體乃是它們生活於其中的那個最貼近的環境一樣。它們是我們的理性生活的基礎，儘管並不是它的一部分。我們的理性發現了它們，但在研究它們時，理性卻不是在研究它自己。在學會認識它們時，它就發現它能怎樣地幫助它們生活得健康；從而在它追求它自己所固有的任務(即對它自己的歷史生活的自覺的創造)時，它們就可以饋養它和支持它。

---

① 里德(1710-1796)，蘇格蘭哲學家。——譯者

② "歷史批判主義和笛卡爾的哲學都是從17世紀同一個思想運動中誕生的"。E. 布勒伊埃，《哲學和歷史：紀念E. 卡西勒論文集》(牛津，1936年)，第160頁。

③ 在本節的論證中，我大大有負於亞歷山大先生那篇可欽佩的論文：《事物的歷史性》，刊載於我已引用過的《哲學與歷

史》那一卷中。如果我仿佛是在爭論他的主要論點，那不是因為我不同意他的論證或其中的任何一部分，而只是因為我用"歷史性"一詞比他的意思更多。在他看來，説這個世界是"一個各種事件的世界"也就是説"這個世界和其中的一切事物都是歷史的"。在我看來，這兩種東西根本不一樣。

④ 愷撒於公元前49年率軍渡盧比康河，回軍羅馬。——譯者

⑤ 愷撒於公元前44年被刺於羅馬元老院。——譯者

⑥ 按為法國科學家拉普拉斯（1749-1827）語。——譯者

⑦ 席勒著名的箴言Die Weltgeschichte ist das Weltgericht〔世界歷史就是世界法庭〕，乃是一句人所熟知的中世紀格言，而在18世紀末又復活了；它是典型的中世紀主義的，並在許多方面成為浪漫主義者的特徵。

⑧ 漢謨拉比（公元前1728-前1686），古巴比倫國王。——譯者

⑨ 梭倫，公元前594年任雅典執政官。——譯者

⑩ 桑塔亞納（1863-1952），美國哲學家。——譯者

⑪ 《本質的領域》第69頁。

第二節　歷史的想像

對歷史思維性質的探討，是屬於哲學可以合法從事的任務之一；而在我看來，現在[1]有理由認為，對這種探討進行思維不僅是合法的而且是必要的。因為它的意義就在於，在歷史的特別時期，某些特殊的哲學問題仿佛是最合時宜的，並且仿佛在要求着一個渴望為自己的時代服務的哲學家的特別注意。哲學問題部分地是不變的；部分地則隨當時人類生活和思想的特點而從一個時代到一個時代在變更着。在每個時代最優秀的哲學家的身上，這兩部分都是如此之相互交織着，以致於永久性的問題呈現 sub specie saeculi〔在一代的觀點之下〕，而當代的特殊問題則呈現sub specie aeternitatis〔在永恆的觀點之下〕。每當人類的思想受到某種特殊的興趣所支配時，那個時代最富有成果的哲學就反映出來這種支配——不是消極地通過單純服從於它的影響，而是積極地通過特殊的努力來理解它並且把它置於哲學探討的焦點上。

〔……〕我的意思是說，在這段時期裏歷史思想研製出了它自己的一種技術，它那特點之明確和它那結果之確鑿，決不亞於它的長姊自然科學的方法；而且在這樣進入了sichere Gang einer Wissenschaft

歷史的思想在某種方式上很像知覺。
兩者都以某種個體事物
作為自己的固有對象。

〔科學的可靠進程〕時，它在人類生活中就取得了一席地位，它的影響從人類的生活已經滲入到、並且在某種程度上已經改變了思想和行動的每一個部門。

其中，它也深深地影響了哲學；但是從整體上說，哲學對這種影響的態度卻是被動更甚於主動。有的哲學家傾向於歡迎它，有的埋怨它；而比較少數的則已經從哲學上思考它〔……〕

無疑地，歷史的思想在某種方式上很像知覺。兩者都以某種個體事物作為自己的固有對象。我所知覺的是這間房屋、這張桌子、這張紙。歷史學家所思考着的是伊麗莎白②或馬爾堡羅③和伯羅奔尼撒戰爭④或斐迪南和伊薩貝拉⑤的政策。但是我們所知覺的，總是這個、此地、此時。甚至當我們聽到遠方的爆炸，或是在一顆恆星爆發很久之後才看它時；就在這個新星、這個爆炸時，仍然有一瞬間它是在此地此時可知覺的。而與歷史思想有關的某種東西，卻決不是一個"這個"，因為它決不是一種此時、此地。它的對象乃是已經結束其出現的事件和已經不復存在的條件。只有在它們不再是可知覺的時候，它們才真正變成了歷史思想的對象。因此把它設想為主客體兩者都實際存在而且相互對立和共存的一種事情或關係的一切知識理論，即把認識作為是知識的本質的一切理論，就使得歷史學成為了不可能。

歷史學又以另一種方式而有似於科學：因為在二者之中，知識都是推論的或推理的。但是科學是生存在一個抽象的共相世界裏，它在某種意義上是無所不在的，而在另一種意義上又不在任何地方，在某種意義上是始終存在的，而在另一種意義上又不存在於任何時間之中；而歷史學家所進行推理的事物卻不是抽象的而是具體的，不是一般的而是個別的，對空間和時間並不是漠然無關的而是有它自己的地點和時間，雖則那地點並不必須是此處，而那時間也不可能是此時。所以，我們就不可能使歷史學和這些理論相一致了；按照這些理論，知識的對象是抽象的、沒有變化的，是心靈可以採取各種不同的態度來對待的一個邏輯實體。

把這兩種類型的理論結合起來用以闡明知識，也還是不可能的。目前的哲學就充滿了這類的結合。認知的知識和描述的知識；永恆的對象和構成其組成部分的那種短暫的情況；本質的領域和物質的領域——在這些和其他這類的二分法中，也像事實的問題和各種觀念之間的關係、或事實的真理和理性的真理那種較老的二分法一樣，就提供了不僅有掌握着此時此地的那種知覺的特性，而且還有領

***歷史學中最本質的東西
就是記憶和權威。***

會着無處不在和無時不在的那種抽象思想的特性，亦即傳統哲學上的。α'ίσθησίς〔知覺〕和νόησις〔思想〕。但是正像歷史學既不是。α'ίσθησίς〔知覺〕又不是νόησις〔思想〕，同樣地它也不是兩者的結合。它是第三種東西，具有着這兩種每一種的某種特徵，但是以一種這兩者都不可能做到的方式，而把它們兩者結合起來。它並不是部分是對暫時情況的認知，部分是對抽象實體的推理知識。它完全是對暫時的、具體的事物的推理知識。

我這裏的目的是對那第三種東西提出一種簡短的闡述，那第三種東西就是歷史學；我將從敘述可以叫作它的常識性的理論的而開始，大多數人最初思索這個問題時，都是相信或者想像他們自己是相信這種理論的。

按照這種理論，歷史學中最本質的東西就是記憶和權威。如果一個事件或一種事物狀態要歷史地成為已知，首先就必須有某個人是知道它的；其次他必須記得它；然後他必須以別人所能理解的詞句來陳述他對它的回憶；最後別人必須接受那種陳述當作是真確的。因此，歷史學也就是相信某一個別人——當這個人說到他記起了某件事的時候。那個相信的人就是歷史學家；而這個被相信的人就被稱為他的權威。

這個學說就蘊涵着，歷史真理只要它終究能為歷史學家所接受，就僅僅因為它是以現成的方式存在於他的權威的現成陳述之中而被歷史學家所接受的。這些陳述對於他乃是一種神聖的條文，它那價值完全有賴於它們所描述的那個傳說的顛撲不破性。因此，他決不能以任何借口篡改它們。他決不能刪改它們；他決不能對它們有所增添；而最重要的是，他決不能與它們相矛盾。因為如果他要自己着手來採擷和挑選，來決定他的權威的陳述中哪些是重要的、哪些是不重要的；那麼他就要到他的權威背後去求助於某種其他的標準了。而按照這種理論，這一點恰恰是他所不能做的。如果他對它們有所增添，在其中插入了他自己所設計的構造，並承認這些構造是對他的知識的補充；那末他就是根據他的權威所說的事實之外的理由在相信某些東西了；然而他卻無權這樣做。最壞的是，如果他與它們相矛盾，並擅自斷定是他的權威歪曲了事實，他把權威的陳述當作是不能置信的而加以駁斥，那末他就是在相信自己所被告知的那些東西的反面，並且可能是最壞地違反了自己的職業準則。權威也許是喋喋不休的、東拉西扯的，是一個喜歡流言蜚語和造謠中傷的人；他可能忽略了或忘記了或隱蔽了一些事實；他也可能無知地或故意地在錯誤地陳述

歷史學家就是他自身的權威；
並且他的思想是自律的、自我授權的。

它們；但是對這些缺陷，歷史學家卻沒有補救的辦法。按照那種理論，對於他來説他的權威所告訴他的就是真理，是全部可以接受的真理，而且全都是真理。

這種常識性理論的後果只要一經陳述，就可以加以否定了。每個歷史學家都知道，有時候他確實是在使用所有這三種方法來竄改他在他的權威那裏所找到的東西的。他從其中挑選出來他認為是重要的，而抹掉其餘的；他在其中插入了一些他們確實是沒有明確説過的東西；他由於拋棄或者修訂他認為是出自訛傳或謊言的東西而批評了它們。但是我不能肯定，我們歷史學家們是不是總能認識到我們正在做着的事情的後果〔……〕歷史學家貫穿在他的工作過程之中的，一直都是選擇、構造和批評；只有這樣做他才能維護他的思想在一個sichere Gang einer Wissenschaft〔科學的可靠進程〕的基礎上。由於明確地認識到這一事實，才有可能實現(再次借用康德的用語)我們可以稱之為史學理論中的哥白尼式的革命：那就是發現歷史學家遠不是依賴自身以外的權威，使他的思想必須符合於權威的陳述，而是歷史學家就是他自身的權威；並且他的思想是自律的、自我授權的，享有一種他所謂的權威們必須與之相符的並且據之而受到批判的標準。

在進行選擇的工作中，可以看到歷史思想的自律性最簡單的形式〔……〕對進入畫面的東西要負責的，乃是藝術家而不是自然界。同樣地，也沒有哪一個歷史學家，哪怕是最壞的，僅僅是在抄襲他的權威而已；即使他沒有把自己的任何東西加進去(這實際上是決不可能的)，他也總是撇掉了一些東西，這些東西由於這種或那種理由，是他決定自己的工作所不需要的或者是不能採用的。所以對於加入甚麼東西要負責的就是他自己而不是他的權威。在這個問題上，他是他自己的主人；他的思想在這種限度上乃是自律的。

〔……〕在他工作的這一部分裏面，在重複着權威向他所說的話的這種意義上，他從來也不是依賴他的權威的；他一直是依靠他自己的能力並以自己為自己的權威的；這時他所謂的權威一點也不是權威，而僅僅是證據。

然而，歷史學家自律性的最清楚的證明，則是由歷史批判所提供的。正如自然科學找到了它的適當方法，是在科學家(用培根的比喻來說)質問大自然，用實驗來折磨她，以便向她索取他自己的問題的答案的時候；同樣地，歷史學找到了它的適當方法，也是在歷史學家把他的權威放在證人席上的時候，他通過反復盤問而從他們那裏榨取出來了在他

們的原始陳述中所隱瞞了的情報——或是因為他們不願拿出它來，或是因為他們並沒有掌握它〔……〕

〔……〕

正如歷史學並不依賴權威一樣，它也不依賴記憶。在沒有有關的陳述是得自目擊者的始終未中斷的傳説那種意義上，歷史學家是能夠重新發現已經被完全忘記的東西的。他甚至於能夠發現直到他發現以前根本就沒有一個人知道是曾經發生過的事。他做到這一點，部分地是靠批判地對待包含在他的來源中的陳述，部分地是靠利用被稱為是未成文的來源的那些東西——當歷史學越來越確信它自己的固有方法和它自己的固有標準的時候，這後一點也就越來越被採用。

我已經談到歷史真理的標準。這個標準是甚麼呢？按照常識性的理論，它就是歷史學家所做的陳述和他在他的權威們那裏所找到的陳述二者的一致性。這個回答我們現在知道是錯誤的，所以我們必須另找答案〔……〕

〔……〕

我已經説過，除了從他的權威們的陳述中選擇他所認為是重要的東西而外，歷史學家必須在兩個方面超過他的權威們所告訴給他的。一個是在批判的方面，而這是布萊德雷已經試圖分析過的。另一個是在構造的方面。關於這一方面他沒有説甚麼，而我現在就建議回到這上面來。我把構造性的歷史學描述為在我們從權威們那裏所引用來的陳述之間插入了另一些為它們所蘊涵着的陳述〔……〕

這種插入的辦法有兩個意義深遠的特徵。首先，它絕不是任意的或純屬幻想的；它是必然的，或用康德的話來説，是先驗的〔……〕

其次，以這種方式推論出來的東西，本質上是某種想像出來的東西〔……〕

這種具有這一雙重特點的活動，我將稱之為 a priori〔先驗的〕想像。後面我還必須更多地談到它，但是目前我將滿足於説明，不管我們可以是多麼沒有意識到它的作用，但卻正是這種活動溝通了我們的權威們所告訴我們的東西之間的裂隙，賦給了歷史的敘述或描寫以它的連續性。歷史學家必須運用他的想像，這是常談；用麥考萊《論歷史》的話來説："一個完美的歷史學家必須具有一種充分有力的想像力，使他的敘述動人而又形象化"；但這卻是低估了歷史想像力所起的作用，而歷史想像力嚴格説來並不是裝飾性的而是結構性的。沒有它，歷史學家也就沒有甚麼敘述要裝飾了。想像力這種"盲目的但不可缺少的能力"，沒有了它（就像康德所表明的）我們就永遠不可能知覺我們周圍的世界，它也同

想像的東西，單純地作為想像，
既不是不真實的，也不是真實的。

樣是歷史學所不可缺少的；這就是歷史的構造的全部工作所進行的活動，它不是作為幻想在隨心所欲地活動着，而是以其先驗的形式在活動着。

有兩種誤解在這裏可以預先加以防止。第一，有人可以認為，我們通過想像所能夠向自己呈現的，只有在成其為虛構的或不真實的那種意義上才是想像的。這種偏見只要一提到就可以消除了。如果我想像一個朋友剛離開我的房子不久，現在正走進他自己的房子，我在想像這個事件的這一事實並沒有給我任何理由要相信它不真實。想像的東西，單純地作為想像，既不是不真實的，也不是真實的。

第二，談論a priori〔先驗的〕想像可能看來像是一個悖論，因為有人可能認為想像力本質上是隨心所欲的、任意的、純屬幻想的。但是除了它那歷史的功能而外，a priori〔先驗的〕想像力還有兩種功能是、或者應該是大家所熟悉的〔……〕它的另一種為人所熟知的功能就是可以稱之為知覺的想像的那種東西，它在補充着和鞏固着知覺的數據；那種方式康德曾經分析得那麼好，他向我們提出了可能知覺的而實際並沒有被知覺到的客體：如在這張桌子的下面，在沒有敲開的雞蛋的裏面，在月球的背面，等等。在這裏，想像又是a priori〔先驗的〕：我們不能不想像那不能不存在的東西。歷史的想像之與這些想像所不同的，並不在於它是a priori〔先驗的〕，而在於它以想像過去為其特殊的任務：那不是一種可能的知覺的對象(因為它現在並不存在)，而是通過這一活動可能變成為我們的思想的一種對象。

因而，歷史學家關於他的題材的圖畫——無論那題材是各種事件的一個系列，還是各種事物的過去狀態——就都表現為一幅想像構造的網，它是在他的權威們的陳述所提供的某些固定點之間展開的。如果這些點出現得足夠頻繁，而且從一個點到下一個點的線索都是小心翼翼地由先驗的想像、而從不是由純屬任意的幻想所織就的；那末整個圖像就經常可以由訴之於這些數據而加以證實，並且不會冒與它所表現的現實有脱離聯繫的危險。

實際上，當常識理論不再能使我們滿足，而我們已經察覺到在歷史學的工作中構造性的想像所起的作用時，那就大致確實是我們在思想着歷史的工作了。但是這樣一種概念在某種方式上卻是嚴重錯誤的：它忽視了批評所起的同樣重要的作用。我們認為我們所構造的網可以説是拴在權威們所陳述的事實之上的，我們把這些事實看作是構造工作的數據或固定點。但是這樣想的時候，我們就又倒退滑進了我們現在知道它是錯誤的那種理論裏面去了，

***就歷史思想整個而論，
它就不是一種數據
而是一種結果或成就。***

即真理就是這些陳述所給予我們的現成的東西。我們知道，要獲得真理並不是靠生吞活剝我們的權威們所告訴我們的東西，而是要靠批判它；因此，歷史的想像在其間結網的那些假定的固定點就不是現成地賜給我們的，它們必須是靠批判的思維來獲得的。

〔……〕

〔……〕對於歷史思想並沒有甚麼這樣給定的固定點；換言之，在歷史學中正像嚴格說來並沒甚麼權威一樣，嚴格說來也並沒有甚麼數據。

歷史學家們一定認為他們自己是在根據數據進行工作的；在這裏他們所說的數據，就是指出某項歷史研究工作一開始時由他們所現成佔有的歷史事實。這樣一種數據，如果涉及到伯羅奔尼撒戰爭，就會把例如修昔底德的某種陳述當作實質上是真實的而加以接受。但是當我們問是甚麼給了歷史思想這種數據時；回答是明顯的：是歷史思想把它給了自己，因此就歷史思想整個而論，它就不是一種數據而是一種結果或成就〔……〕

〔……〕

擺脱了它對於外部所提供的那些固定點的依賴之後，歷史學家對過去的圖畫因而在每個細節上就都是一幅想像的圖畫，而其必然性在每一點上就都是一種先驗的想像的必然性。凡是進入其中的任何東西之所以進入其中，都不是因為他的想像消極地接受它，而是因為他的想像積極地需要它。

我已經談到過的歷史學家和小說家之間的相似性，在這裏就達到了它的高峰。他們各自都把構造出一幅圖畫當作是自己的事業，這幅圖畫部分地是敘述事件，部分地是描寫情境、展示動機、分析人物。他們各自的目的都是要使自己的畫面成為一個一貫的整體，在那裏面每個人物和每種情境都和其餘的是那麼緊密地結合在一起，以致於在這種情況下的這個人物就不能不以這種方式而行動，而且我們也不可能想像他是以別的方式而行動。小說和歷史學兩者都必須是有意義的；除了必然的東西以外，兩者都不能容許有任何別的東西，而對這種必然性的判斷者在兩種情況下都是想像。小說和歷史學這二者都是自我解釋的、自我證明為合理的，是一種自律的或自我授權的活動的產物；在兩種情況下這種活動都是a priori〔先驗的〕想像。

作為想像的作品，歷史學家的作品和小說家的作品並沒有不同。它們的不同之處是，歷史學家的畫面要力求真實。小說家只有單純的一項任務：要構造一幅一貫的畫面、一幅有意義的畫面。歷史學家則有雙重的任務：他不僅必須做到這一點，而且

***我們問一項歷史陳述是否真實，
也就是指它能否訴之於證據
來加以證明。***

還必須構造一幅事物的畫面(像是它們實際存在的那樣)和事件的畫面(像是它們實際發生的那樣)。這種更進一步的必要性就迫使他要服從三種方法的規則，而小説家或藝術家一般説來卻不受它們的約束。

第一，他的畫面必須在空間和時間中定位。藝術家的畫面則並不需要；本質上，藝術家所想像的事物是被想像為不是在某個地點或某個日期發生的〔……〕

第二，一切歷史都必須與它自己相一致。純粹想像的各種世界是不可能有衝突的，也不需要一致；它們各自都是一個自己的世界。但卻只有一個歷史的世界，而且其中每一件事物都必定和其他每一件事物處於某種關係之中，哪怕這種關係僅僅是地誌學上的和年代學上的。

第三，也是最重要的，歷史學家的圖畫與叫做證據的某種東西處於一種特殊的關係之中。歷史學家或其他任何人所能借以判斷(哪怕是嘗試着)其真理的惟一方式，就是要考慮這種關係；實際上，我們問一項歷史陳述是否真實，也就是指它能否訴之於證據來加以證明。因為一個不能這樣加以證明的真理，對於歷史學家就是一樁毫無興趣的事。這種叫做證據的東西是甚麼呢，它和已經寫成的歷史著作又是甚麼關係呢？

我們已經知道了證據不是甚麼。它不是被歷史學家的心靈所吞噬和反芻的現成歷史知識。每件事物都是證據，是歷史學家能夠用來作為證據的。但甚麼是他能夠這樣加以使用的呢？它就必須是此時此地他可以知覺到的某種東西：這頁寫着的字、這段説過的話、這座建築、這個指紋，等等。而在所有他可以知覺到的事物之中，沒有一種是他不能設想用來作為某個問題的證據的——如果他心中是帶着正確的問題接觸到它的話。歷史知識的擴大，主要就是通過尋求如何使用迄今被歷史學家們一直認為是無用的這種或那種可知覺的事實作為證據而實現的。

因此，整個可知覺的世界就都潛在地和在原則上，是歷史學家的證據。只要他能利用它，它就變成了實際的證據。而且除非他以正確的那種歷史知識去接觸它，否則他就不可能利用它。我們佔有的歷史知識越多，我們從任何一件給定的證據中所能學到的也就越多；如果我們沒有歷史知識，我們就甚麼也學不到。只是到了有人歷史地思索它時，證據才成為證據。否則它就僅僅是被知覺到的事實而已，而在歷史上卻是沉默無言的。由此可見，歷史知識只能由歷史知識產生；換句話說，歷史思維是

整個可知覺的世界就都潛在地
和在原則上，是歷史學家的證據。

人類心靈創造性的基本活動，或者像笛卡爾可能會說的那樣，對過去的觀念乃是一種"內在的"的觀念。

歷史的思維是一種想像的活動，我們力圖通過它來向這種內在的觀念提供詳細的內容。我們是用現在作為它自己過去的證據而做到這一點的。每個現在都有它自己的過去，而任何對過去在想像中的重建，其目的都在於重建這個現在的過去——即正在其中進行着想像的活動的這個現在的過去——正像這個現在在此時此地被知覺到的那樣。在原則上，任何這種活動的目的都是要把全部此時此地可知覺的東西用來作為全部過去的證據，只有通過這一過程它才得以出現。在實踐上，這個目的則是永遠不可能達到的。此時此地所可知覺的，就它的全體而言是永遠不可能被知覺的，更不可能被解釋；而且過去的時間的無限過程也決不可能作為一個整體來觀察。但是在原則上所企圖的和在實踐上所成就的二者之間的這種分離乃是人類的命運，而不是歷史思維的一種特色。它在這裏之被發現的這一事實，只是表明了這裏面也有着歷史學，正如同這裏面有着藝術、科學、哲學、對善的追求和對幸福的尋求等等一樣。

由於同樣的理由，在歷史學中正像在一切嚴肅的問題上一樣，任何成就都不是最終的。可以用來解決任何給定問題的證據，都是隨着歷史方法的每一個變化和歷史學家們的能力的每一種變動而在改變着的。用以解釋這種證據的原則也在變化着；因為對證據進行解釋乃是一個人必須運用他所知道的全部事物的一項工作，包括歷史知識、對於自然和人的知識、數學知識、哲學知識等等；並且不僅要有知識，而且還要有所有各種心靈的習慣和財富；而其中沒有一樣是不變化的。因為有這些永不停止的變化(無論在那些目光短淺的觀察者們看來可能是多麼緩慢)，所以每個新的一代都必須以其自己的方式重寫歷史；每一位新的歷史學家不滿足於對老的問題作出新的回答，就必須修改這些問題本身；而且——既然歷史的思想是一條沒有人能兩次踏進去的河流——甚至於一位從事一般特定時期的一個單獨題目的歷史學家，在其試圖重新考慮一個老問題時，也會發現那個問題已經改變了。

這並非是一種擁護歷史懷疑論的論證。它只不過是發現了歷史思想的第二維，即歷史學的歷史：亦即發現了歷史學家本身以及形成了他可以運用的證據總體的那個此時此地，都是他正在研究的那個過程的一部分，他在那種過程中有他自己的地位，而且只有從他在目前這個時刻在其中所享有的那種

新的歷史學家不滿足於對老的問題作出新的回答，就必須修改這些問題本身。

觀點才能觀察它。

但無論是有關歷史知識的原始材料，即在知覺中向他給定的此時此地的細節，還是可以幫助他解釋這種證據的各種才能，都不能向歷史學家提供他的有關歷史真理的標準。那個標準乃是歷史觀念本身，即關於過去的一幅想像的畫面這一觀念。這種觀念用笛卡爾的語言說，就是內在的；用康德的語言說，就是a priori〔先驗的〕。它不是心理原因的一種偶然的產物：它是每個人作為自己心靈裝備的一部分都會具有的觀念，而且是只要他意識到甚麼是具有一個心靈，就會發現為他自己所具有的那種觀念。正像其他同類的觀念一樣，它是一個並沒有任何經驗的事實恰好與之相符合的觀念。歷史學家，不管他是怎樣長期而忠實地工作着，都永遠不能說自己的工作，哪怕是在最粗糙的輪廓上和在這種或那種最小的細節上，是一勞永逸地完成了。他永遠不能說，他關於過去的圖畫在任何一點上都是適合於他關於它應當是個甚麼樣子的觀念的。但是，不管他的工作結果可能是多麼支離破碎和錯誤，支配它那進程的觀念卻是清楚的、合理的和普遍的。它乃是歷史想像之作為自我依賴的、自我決定的和自我證實的思想形式的一種觀念。

① 指1935年。——原書編者
② 伊麗莎白(1533-1603),英國女王。——譯者
③ 馬爾堡羅(1650-1722),英國將領。——譯者
④ 伯羅奔尼撒戰爭,公元前460-前446年希臘各邦間的戰爭。——譯者
⑤ 斐迪南(1452-1516),伊薩貝拉(1451-1504),西班牙國王。——譯者

第三節　歷史的證據

導言

伯里說："歷史學是一門科學；不多也不少。"

也許它不少：這取決於你所指的科學是甚麼。有一種習俗的用法，像是"廳"就指音樂廳，或者"影"就指電影等等，因之"科學"也就指自然科學。然而，歷史學在這個名詞的上述意義上究竟是不是科學，是用不着問的；因為在歐洲語言的傳統裏——那可以上溯到拉丁語的演説家們用他們自己的文字scientia〔科學〕來翻譯希臘語 ἐπιστήμη〔知識〕的那個時代，而且一直延續到今天——"科學"這個詞的意思都是指任何有組織的知識總體。如果這就是那個詞的意思的話，那末伯里就無可辯駁地是非常正確的，歷史學就是一門科學，一點也不少。

但是如果説它不少的話，它卻確實是更多。因為任何終究是一門科學的東西，就必定比單純的科學要多，它必定是某種特殊類別的科學。知識的總體決不單單是有組織的，它還總是以某種特殊的方式而組織的。某些知識的總體，如氣象學，是由搜集與某一類事件有關的觀測資料組織起來的，這些事件當其發生時是科學家所能觀察到的，儘管他不能任意製造它們。其他的，像化學，則不僅是由觀察那些發生了的事件，而且還是由在嚴格受控的條件下使之發生而組織起來的。還有的則根本不是由觀察事件，而是由做出某些假設並以極端的嚴謹性來推論它的結果而組織起來的。

歷史學卻不是以任何這類方式而組織的。戰爭與革命以及它所論述的其他事件，都不是歷史學家在實驗室裏為了進行研究而以科學的精確性有意地製造出來的。它們甚至於也不是在事件之被自然科學家所觀察到的那種意義上，被歷史學家所觀察到的〔……〕

〔……〕

歷史學的組織與"精確的"科學的組織之間的不同，是同樣明顯的。這一點是真確的：在歷史學中，正像在精確科學中一樣，思想的正常過程是推理的；那就是說，它是從肯定這一點或那一點而開始，並繼續追問它證明了甚麼。但它們的出發點卻是屬於非常之不同的兩種。在精確科學中，出發點是假設，而表達它們的傳統方式則是以命令詞而開始的語句，它規定要做出某種假設："設ABC為三角形，並設AB=AC"。在歷史學中，則出發點並不是假設，它們乃是事實，乃是呈現於歷史學家觀察之前的事實，例如，在他面前打開着的書頁上印着

在歷史學中，則出發點並不是假設，它們乃是事實，乃是呈現於歷史學家觀察之前的事實。

聲稱某個國王把某些土地賜給某個修道院的特許狀。它們的結論也是屬於非常之不同的兩種。在精確科學中，它們是一些關於在空間或時間中沒有特殊定位的那些東西的結論：如果它們是在任何地方，那末它們就無地不然；如果它們是在任何時間，它們就無時不然。而在歷史學中，則它們是對於事件的結論，每個事件都有其自己的地點和時日。為歷史學家所了解的地點和時日的精確性是可變的；但是歷史學家總歸知道既有一個地點又有一個時日，並且在一定限度內他總歸知道它們是甚麼；這種知識是他根據他面前的事實進行論證而得出的結論的一部分。

在出發點和結論方面的這些不同，就蘊涵着各種相應的科學的整個組織上的不同。當一位數學家已經決定了他想要解決的問題是甚麼時，他面臨的下一步就是要做出使他能解決問題的假設；而這就包括着要訴之於他的創造力。當一個歷史學家同樣地做出了決定時，他的下一步任務就是要把自己放在這樣一個地位上，使自己能說：“我現在所觀察的各種事實，是我能從其中推論出關於我的問題的答案的那些事實。”他的任務並不是創造任何事物，而是要發現某種事物。而成果也是以不同的方式組織起來的。精確科學傳統上所被安排的圖式，是根據邏輯先後的關係：如果為了理解第二個命題有必要理解第一個命題的話，第一個命題就被置於第二個命題之前；在歷史學的安排中，傳統圖式是一種編年的圖式，在其中一個事件如果在時間上發生得更早，就被置於第二個事件之前。

因而歷史學就是一種科學，但卻是一種特殊的科學。它是一種科學，其任務乃是要研究為我們的觀察所達不到的那些事件，而且是要從推理來研究這些事件；它根據的是另外某種為我們的觀察所及的事物來論證它們，而這某種事物，歷史學家就稱之為他所感興趣的那些事件的"證據"。

一　作為推論的歷史學

歷史學與其他各門科學在這一點上是共同的：歷史學家無權宣稱有任何一點知識，除非是當他能夠首先是向他自己、其次是向其他任何一個既能夠、而又樂意追隨他的論證的人證明它所依據的基礎。這就是上面所謂的作為推論的歷史學的意思所在。一個人之成為一個歷史學家所憑借的知識，就是由他所支配的證據對於某些事件都證明了甚麼的知識。如果他或甚麼別的人憑着回憶或第二視覺或某種威爾斯[①]式的透過時間向後看的機器等方式，對於完全相同的事件能有完全相同的知識，那末這

記憶並不是歷史學，因為歷史學是某種有組織的或推理的知識。

就不會是歷史知識；那證明便是他並沒有能向他自己或任何其他批評他的主張的人，提供他從其中得出了他的知識來的那種證據〔……〕

〔……〕說知識是推理的，只是以另一種方式在說它是有組織的。記憶是甚麼以及它是不是一種知識，這是一本有關歷史學的書籍中所不需要考慮的問題；因為至少這一點是清楚的，不管培根和其他人說過甚麼，記憶並不是歷史學，因為歷史學是某種有組織的或推理的知識，而記憶卻根本不是有組織的，不是推理的。如果我說“我記得在上星期給某某人寫了一封信”，那麼這是關於記憶的一個陳述，但它並不是一個歷史陳述。但是如果我補充說：“我的記憶並沒有欺騙我，因為這裏有他的回信”；那麼我就是把一個有關過去的陳述建立在證據之上，我就是在談歷史了。由於同樣的理由，在像這樣的一篇論文裏也不需要考慮〔……〕

三　證詞

〔……〕

〔……〕像各門科學一樣，歷史學是自律的。歷史學家有權利並且有義務，以他自己的科學所固有的方法來下決心去追求在那門科學的過程中向他所呈現的各個問題的正確答案。他絕沒有任何義務或

任何權利，讓別人來為他下決心〔……〕

當歷史學家接受由另外的人對他所詢問的某個問題給他提供的現成答案的時候，這個另外的人就被稱為他的"權威"；而由這樣的一個權威所做出的、並為歷史學家所接受的陳述，就被稱為"證詞"。只要一個歷史學家接受一個權威的證詞並且把它當作歷史的真理，那末他就顯然喪失了歷史學家稱號的榮譽；但是我們卻沒有別的名字用來稱呼他。

現在，我並沒有片刻提示：那個證詞是決不應當被接受的。在日常的實際生活中，我們經常地和正確地接受別人所提供給我們的報道，同時相信他們既是消息靈通的而又是真實可信的，而且有時候這種信心是有根據的。我甚至並不否認(雖則我不肯定它)，可能在有一些情況下，像是或許在記憶的某些情況下，我們之接受這種證詞可以超出單純的信心之外並配得上知識這個名稱。我所斷定的乃是，它決不可能是歷史知識，因為它決不可能是科學知識。它不是科學知識，因為它不可能由於訴之於他所依靠的那種根據而得到證實。只要一有了這樣的根據，情況就不再是一個證詞的問題了。當證詞被證據所加強的時候，我們之接受它就不再是接受證詞本身了；它就肯定了基於證據的某種東西，那也就是歷史知識。

四　剪刀加漿糊

有一種歷史學是完全依賴權威們的證詞的。正像我已經說過的那樣，它實際上根本就不是歷史學，但是我們對它又沒有別的名稱。它所賴以進行的方法，首先就是決定我們想要知道甚麼，然後就着手尋找有關它的陳述(口頭的或書面的)，這種陳述號稱是由與那些事件有關的行動者、或是由它們的目擊者、或者是由那些在復述着行動者或目擊者所告訴他們(或告訴他們的消息報道者)的事情的人、或者是由那些向他們的報道者報道了消息的人等等做出來的。在這種陳述中找到了與他的目的有關的某些東西之後，歷史學家就摘抄它，編排它，必要的話加以翻譯，並在他自己的歷史著作中重行鑄成他認為是合適的樣式。一般説來，在他有很多陳述可以引用的地方，他將會發現其中之一會告訴他其他的所不會告訴他的那些東西；於是它們兩者或其他所有的都將被採納。有時，他會發現它們的一個和另一個相抵觸，那末，除非他能找到使它們相調和的方法，否則他就必須決定刪去一個；而且如果他是認真的，這就會使他捲入對互相矛盾的權威們的相對可靠程度進行批判的考慮。而有時，其中之一、或者可能甚至是所有的，會告訴他一個他簡直不能相信的故事、一個也許代表着作者的時代或他所生活於其中的那個圈子所特有的迷信和偏見的故事，可是對一個更開明的時代卻是不可置信的，因而就要被刪掉。

由摘錄和拼湊各種不同的權威們的證詞而建立的歷史學，我就稱之為剪刀加漿糊的歷史學。我再說一遍，它實際上根本就不是歷史學，因為它並沒有滿足科學的必要條件；但是直到最近，它還是惟一存在的一種歷史學，而人們今天還在讀着的、甚至於人們還在寫着的大量的歷史書，就都是屬於這種類型的歷史學。

〔……〕

剪刀加漿糊乃是晚期希臘－羅馬世界或中世紀所知道的惟一的歷史學方法。它曾以其最簡單的形式存在過。一位歷史學家搜集證詞(口頭的或書寫的)，對於其可靠性使用他自己的判斷，並把它放在一起出版；他對它所做的工作部分是文學的——他的材料表現為一種有聯繫的、一致的和令人信服的敘述——而部分則是修辭學的，如果我可以用這個詞來指明下述事實的話，即大多數古代的和中世紀的歷史學家們的目的就在於證明一個論題，特別是某種哲學的或政治的或神學的論題。

歷史學不是靠抄錄最好的資料的證詞，而是靠得出你自己的結論而寫出來的。

只是到了17世紀，當自然科學的後中世紀的改革獲得完成的時候，歷史學家們才開始認為他們的家園也需要加以整頓。這時，歷史方法上的兩種新運動就開始了。一種是對權威們進行有系統的檢驗，以便確定他們相對的可靠性，而特別是要建立進行這種鑑定所依據的原則。另一種運動則是通過使用非文字的材料，例如迄今一直不是歷史學家而僅僅是古董搜集者所感興趣的古代的貨幣、碑文以及這類遺物，來開拓歷史學的基礎。

這第一種運動並沒有逾越剪刀加漿糊的歷史學的界限，但它卻永遠改變了它的特性〔……〕

〔……〕

〔……〕任何一個讀過維科著作的人，或者哪怕是轉手了解到他的著作中某些觀點的人，必定都認識到：關於包含在一種資料裏的任何陳述的重要問題並不是它究竟是真是假，而是它意味着甚麼。詢問它意味着甚麼，就是走出了剪刀加漿糊的歷史學的世界之外而步入了另一個世界，在那裏歷史學不是靠抄錄最好的資料的證詞，而是靠得出你自己的結論而寫出來的。

〔……〕

六　鴿子籠方式

剪刀加漿糊的歷史學家們已經厭煩於抄錄別人的陳述的工作了，並且意識到自己有頭腦，感覺到有一種值得稱道的願望要運用它們；他們常常發現創造出一種鴿子籠的體系把他們的學問安排在其中，就可以滿足這種願望了。這就是所有那些圖式和模式的來源，歷史就以驚人的馴服性一次又一次地被這些人把它自己強行納入其中；像是維科以他的基於希臘－羅馬的思辨的歷史周期的模式；康德以他提議的"世界的觀點之下的普遍歷史"②；黑格爾追隨康德之後把通史設想為人類自由的逐步實現；孔德和馬克思這兩個非常偉大的人物各以其自己的方式跟隨着黑格爾；這樣一直到當代的弗林德爾斯．比德里③、奧斯瓦爾德．斯賓格勒以及阿諾爾德．湯因比，但他們與黑格爾的關係不如與維柯的關係密切。

〔……〕

〔……〕他們之中有些人把他們的鴿子籠化的事業描寫成是"把歷史學提高到科學的地位"。歷史學，照他們所發現它的那樣，就意味着剪刀加漿糊的歷史學；顯然，那並不是科學，因為它並沒有任何東西是自律的，是創造性的；它只不過是把現成的情報從一個心靈轉運到了另一個心靈裏。他們意

剪刀加漿糊的歷史學總有一天會被一種新的、應當真正成為科學的歷史學所代替。

識到，歷史學可能是某種比這更多的東西。它可以具有而且也應當具有科學的特徵。但是這一點怎樣實現呢？他們認為，在這一點上和自然科學的類比就會幫助他們。從培根以來就已成為常談的是，自然科學是由搜集事實而開始，然後着手建立理論，也就是在已經搜集到的事實裏外推出可以分辨的模式來。很好，就讓我們把歷史學家所知道的一切事實都放在一起，在它們之中尋找模式，然後把這些模式外推成為一種有關普遍歷史的理論。

〔……〕

〔……〕這些鴿子籠化的圖式的每一種，其價值——如果那意味着，它們作為發現歷史真理的工具的價值，是不可能由對證據的解釋加以肯定的——都恰好等於零。而事實上，它們之中根本就沒有一種是具有科學價值的，因為它不單是要使科學成為自律的或有創造性的，而且它還必須是使人信服的或客觀的；它必須使得任何能夠並願意考慮它所依賴的基礎而且親自去思想它們所指向的結論是甚麼的人，都感到它本身是不可避免的〔……〕

〔……〕剪刀加漿糊的歷史學總有一天會被一種新的、應當真正成為科學的歷史學所代替，這種希望是一種充分有根據的希望；它在事實上已經實現了。這種新的歷史學能夠使得歷史學家知道他的權威們所不可能或不會告訴他的事物，這一希望也是充分有根據的，而且也已經完成了。這些事情是怎樣發生的，我們很快就將會看到。

〔……〕

九　陳述和證據

成其為剪刀加漿糊的歷史學的特徵的——從它最沒有批評性的形式直到它最富有批判性的形式——就是它必須對付現成的陳述，以及對於這些陳述中的任何一個，歷史學家都有一個他究竟是不是接受它的問題；這裏的接受它，意思是指重行肯定它作為他自己歷史知識的一部分。在本質上，歷史學對於剪刀加漿糊的歷史學家來說，就意味着重複別人在他以前所已經做過的陳述〔……〕

〔……〕科學歷史學根本就不包括任何現成的陳述。把一種現成的陳述納入自己的歷史知識的整體之內的行動，對於一個科學的歷史學家來說乃是一種不可能的行動〔……〕

〔……〕

如果科學的歷史學家不是從他所發現是現成的那種陳述之中，而是從他自己關於有人做出了這類陳述的這一事實的自律的陳述之中得出了他的結論，那末即使是沒有向他做出任何陳述的時候，他

在科學歷史學中，任何東西都是證據。

也能得出結論。他的論證的前提乃是他自己的自律的陳述；並不需要這些自律的陳述本身成為有關其他陳述的陳述〔……〕

〔……〕

十　問題和證據

如果歷史學就是指剪刀加漿糊的歷史學，歷史學家對於有關他的主題的全部知識都要依靠現成的陳述，而他在其中找到這些陳述的原文就叫作他的資料；那末就很容易以一種具有某種實際效用的方式來為資料下定義了。一種資料就是包含着有關那個主題的一種陳述或許多陳述在內的一份原文；這種定義有着某種實際的效用，因為它有助於歷史學家在一旦確定了他的主題之後，就把全部現存的文獻分成為可以作為他的資料之用、因此是必須查看的原文，和不能作為資料之用、因此是可以忽略的原文〔……〕

在理論上，但並不總是在實踐上，因為這個數量可能太大而其中某些部分又太難得到，以致於沒有一個歷史學家能希望看到它的全部〔……〕

〔……〕

〔……〕在科學歷史學中，任何東西都是證據，都是用來作為證據的；而且沒有一個人在他有機會使用它之前，就能知道有甚麼東西作為證據將會是有用的。

讓我們這樣來說明這一點，在剪刀加漿糊的歷史學中，如果我們允許自己以證據這個名字來描述證詞(我承認，這是很不確切的)，那末就既有潛在的證據，又有現實的證據。有關一個主題的潛在的證據，就是現存有關它的一切陳述。現實的證據則是我們決定加以接受的那部分陳述。但是在科學歷史學中，潛在的證據的觀念消失了；或者，如果我們願意用另外的話來說這同一個事實的話，則世界上的每一件事物對於無論任何一種主題都是潛在的證據。這對於任何一個把自己對歷史學方法的見解固定在剪刀加漿糊的模式中的人，都會是一個令人苦惱的觀念；因為他要問，除非我們首先把那些可能對我們有用的事實都搜羅在一起，否則我們怎麼能發現有甚麼事實確實是對我們有用的呢？對一個理解科學(無論是歷史學的還是任何其他的)思維的性質的人，這並沒有甚麼困難。他將認識到，每一次歷史學家問一個問題，他之所以問它都是因為他認為他能回答它；也就是說，他在自己的心靈中對於他將可能使用的證據已經有一個初步的和嘗試性的觀念了：不是有關潛在的證據的一種明確的觀念，而是有關現實的證據的一種不明確的觀念。要提問你看不出有指望回答的問題，乃是科學上的大罪過，就正像是在政治上下達你認為不會被人服從的命令，或者是在宗教上祈求你認為上帝所不會給你的東西。問題和證據，在歷史學中是互相關聯的。任何事物都是能使你回答你的那個問題的證據——即你現在正在問的問題的證據。一個明智的問題(即一個有科學能力的人將會問的惟一的那個問題)，就是一個你認為你必須有、或者將要有做出回答的證據的問題〔……〕

正是對於這一真理的正確理解，奠定了阿克頓勳爵的偉大教誡："要研究問題，不要研究時代。"剪刀加漿糊的歷史學家們全都是在研究時代；他們對於某類一定範圍的事件收集了全部現存的證詞，並枉然希望着從其中會產生出某些東西來。科學歷史學家則研究問題：他們提出問題，而且如果他們是好的歷史學家，他們就會提出他們懂得他們做出回答的方式的那些問題。正是對於這同一個真理的正確理解，才引得赫居里·波瓦若先生對於那些滿地爬着力圖收集各種(不管是甚麼可能被設想成為線索的)事物的"人類的偵探"表示了他的蔑視，並且堅持說，偵探的秘密就在於(可能反復申說是令人討厭的)運用他所稱之為"灰色小細胞"的東西。在你開始思想之前，你不可能收集你的證據；他那意思是說：因為思維意味着提問題（邏輯學家們，請注意），而且任何事物除了與某個確切的問題有關之外，就不是甚麼證據。在這方面波瓦若和福爾摩斯的不同，對於最近四十年在歷史方法的理解上所發生的變化是意義深長的。阿克頓勳爵於1895年在他劍橋的就職演說中，還在歇洛克·福爾摩斯的極盛時期，就宣揚了他的學說；但那是曲高和寡的東西。在波瓦若先生的時代，從他的銷路來判斷，人們也不可能懂得太多。推翻剪刀加漿糊的歷史學的原則、而代之以科學歷史學的原則的這場革命，已經變成為公共的財富了。

---

① 威爾斯（1866-1946），英國小說家，此處指其所著科學幻想小說《時間機器》。——譯者

② 按此處原文應作《一個世界公民觀點之下的普遍歷史觀念》。——譯者

③ 比德里（1854-1942），英國埃及學家。——譯者

第四節　作為過去經驗之重演的歷史學

歷史學家怎樣、或者根據甚麼條件才能夠知道過去呢？在考慮這個問題時，第一點要注意的就是，過去決不是一件歷史學家通過知覺就可以從經驗上加以領會的給定事實。Ex hypothesi〔根據假設〕，歷史學家就不是他所希望知道的那些事實的目擊者。歷史學家也並不幻想着自己就是一個目擊者。他十分清楚地知道，他對過去惟一可能的知識乃是轉手的或推論的或間接的，決不是經驗的。第二點就是，這種轉手性並不能由驗證來實現。歷史學家知道過去，並不是由於單純地相信有一個目擊者看到了所討論的那些事件，並把他的見證留在記錄上。那種轉手的東西充其量也只是給人以信念而不是知識，而且是根據極其不足而又非常靠不住的信念。於是歷史學家又一次清楚地知道，這並不就是他前進的道路；他察覺到，他對他的那些所謂權威們要做的事，並不是要相信他們，而是要批判他們。如果這時歷史學家對他的事實既沒有直接的或經驗的知識，又沒有傳遞下來的或可驗證的知識，那末他還有甚麼知識呢？換句話說，歷史學家為了知道它們，必須去做些甚麼呢？

我對歷史的觀念所作的歷史評論，已經得出了對這個問題的一種答案：那就是，歷史學家必須在他自己的心靈中重演過去。現在我們所必須做的，就是要更仔細地觀察這種觀念，明瞭它本身意味着甚麼，以及它所蘊涵的進一步後果是甚麼。

〔……〕

〔……〕如果單純的意識乃是各種狀態的相續，那麼思想就是一種活動，可以使得那種相續以某種方式被人把握，從而就其普遍的結構而為人所領會；它是那種東西，過去對於它不是已經死去和消逝了，而是能夠和現在放在一起加以想像並加以比較的。思想本身並沒有被捲入當前的意識之流；在某種意義上，它是站在那個意識之流以外的。思想行動確實是發生在確定的時間裏；阿基米德發現比重的觀念是在他洗澡的時候；但它們並不是以感知和感覺那種同樣的方式與時間相關聯着的。不僅是思想的對象以某種方式處於時間之外，思想的行動也是如此；至少在這種意義上，同一個思想行動就可以經歷時間的流逝，並且在擱置了一段時間之後又能復活。

〔……〕

思想永遠不可能是單純的客體。要了解另一個人的思維活動，只有根據這同一個活動在一個人自己的心靈裏可以重演這一假定，才是可能的。在這

思想永遠不可能是單純的客體。

種意義上，要了解“某個人在思想(或者“已經思想”)甚麼”，就包括着自己要思想它。拒絕這一結論，就意味着根本否認我們有任何權利來談論思想行動(除了是在我們自己的心靈中所出現的那些)；並且還意味着接受我的心靈乃是惟一存在着的心靈這種學說。對於任何接受這種形式的唯我主義的人，我不想停下來進行論辯。我是在考慮歷史學作為對過去的思想(思想的行動)的知識是怎樣可能的；而且我僅僅關心着表明，除非所根據的觀點是：了解另一個人的思想行動就包括着向自己重複它，否則那就是不可能的。如果一個拒不接受這種觀點的人，結果被驅入到了這種唯我主義裏面來，我的論點就得到了證明。

我們現在就來談第二種反對意見。有人要説：“這種論證是不是已經證明得太過分了呢？它已經表明，一種思想行動不僅僅可以在一瞬間完成，而且還可以持續一段時間；不僅僅是持續，而且還可以復活；不僅僅是在同一個心靈的經驗之中復活，而且(使唯我主義為難的是)還可以在另一個人的心靈裏重演。但是這並不就證明歷史學的可能性。要做到那一點，我們必須能夠不僅僅重演另一個人的思想，而且還要了解我們所重演的思想乃是他的思想。但是只要我們重演它，它就變成了我們自己的；它只有作為是我們自己的，我們才完成它，而且在完成之中察覺到它；它變成了主觀的，而正是為了這個緣故，它就不再是客觀的；它變成了現在的，因此就不再是過去的。這的確正好是奧克肖特在他的學說中所公開主張的東西，即歷史學家只是sub specie praeteritorum〔在過去的觀點下〕安排實際上乃是他自己現在的經驗的東西，以及事實上克羅齊在說一切歷史都是當代史時所承認的東西。”

反駁者這裏是在說着兩種不同的東西。首先，他是在說，單純重演另一個人的思想並不成為歷史知識；我們還必須知道我們是在重演它。其次，他是在論證，這種附加條件，即我們是在重演過去的思想的這一認識，就這種情形的本質來說乃是不可能的；因為被重演的思想現在就是我們自己的思想，而我們對它的知識則只限於我們自己現在察覺它是我們自己經驗中的一個成分。

第一點顯然是正確的。某一個人完成了在他之前的另一個人已經完成了的思想行動這一事實，並不就使他成為一個歷史學家。在這樣一種情形中，不能說他是一個歷史學家而自己並不知道；除非他知道他是在歷史地進行思想，否則他就不是在歷史地進行思想。歷史思維是一種活動(而且不是惟一的活動，除非其他活動也以某種方式成為它的一部分)，它是自我意識的一種功能，是只對一個知道它自己是以那種方式在思想的心靈才可能有的一種思想形式。

第二點則是，為第一點所需要的condicio sine qua non〔絕不可少的條件〕是永遠不可能實現的。為證明這一點所引證的論證是重要的，但是讓我們首先看看已經證明之點。那就是，雖然我們能夠在我們自己的心靈中重演另一個心靈的思想行動，我們卻永遠不可能知道我們是在重演它。但這卻是一樁明顯的自相矛盾。反駁者承認有一種發生了某種事情的知識，而同時卻又否認這種知識是可能的。他可能試圖解決這個悖論說："我的意思並不是說它確實發生了；我的意思只是說就我所知道的一切而言，它是可能發生的。我所主張的是，如果它發生過了，我們也無從知道它是發生了的。"他還可以作為一種平行的事例而引證：我們不可能知道任何兩個人在觀看同一片草葉時，是在經驗着無法區分的同樣的顏色感。但是這種平行事例並不確切，實際上他所說的乃是十分不同的東西。他並不是在說：如果它發生了，某種其他的情況就會阻止我們認識它；而是在說：如果它確實發生了，它發生了的這一事實本身就會使得我們不能知道它曾發生過。而這就使它成為一種非常特殊的事件了。

只有一種事物可能在心靈裏發生，關於它可以說它曾發生過的這一事實本身就會使它不可能被我們知道它曾發生過：亦即它是處在一種幻覺或錯誤之下。因此，反駁者所說的就是，歷史知識的兩個必不可少的條件中的第一個，在它恰好需要有知識的那一點上，乃是一種幻覺或錯誤。毫無疑問，這本身並不會使得歷史知識成為不可能。因為某種事物存在的條件，可能是以如下兩種方式之一與這種事物相聯繫着：這種條件或者是某種必須首先存在的東西，但當該事物一旦存在時便停止存在了；或者是某種必須存在得像該事物存在得一樣之久的東西。如果爭論的是，歷史知識只能作為取代歷史錯誤才能存在，那末無論如何這會是值得考慮的。但是過去思想的重演並不是歷史知識的一個先決條件，而只是其中的一個組成成分；因此這一爭論的作用就是使得這種知識成為不可能。

我們必須再轉過來看這一爭論所依靠的那種論證。有人論證說，思想行動由於變成了主觀的，就不再是客觀的了，並且因此由於變成了現在的，就不再是過去的了；我只能察覺它作為我此時此地正在完成的行動，而不是作為甚麼別人在另一個時間所已經完成的行動。

這裏又有各個不同之點是要加以區別的。或許

歷史知識只能作為
取代歷史錯誤才能存在。

第一點就是“察覺到它”一語的意義。“察覺”一詞往往是以一種模棱兩可的態度在使用的。察覺到一種疼痛，只不過是用於泛指感覺到了疼痛而並不知道它是牙痛、還是頭痛或者甚至到底是否疼痛；這個詞只是指有着或者經受着疼痛的直接的經驗。有些哲學家會用“知悉”(acquaintance)這個名稱來稱呼這種最直接的經驗；但是那對於它卻是一個最能把人引入歧途的名詞了，因為它是一個常用的英文字，表示這樣一種方式，我們用以認識在我們的經驗過程中作為永久的、可以辨認的與其自身同一的客體而反復出現的個別人物或地方或其他事物：那是一種遠離當前感覺的東西。但是“察覺”(awareness)一詞也是以另外兩種方式在使用着的。它被用來作為自我意識的一種名稱，像是人們說一個人察覺到在發脾氣；這裏的意思是說，不僅他直接經驗到一種事實上在不斷增長着的憤怒感覺，而且他知道這種感覺就是他自己的感覺，並且是不斷增長着的一種感覺；與這種情況截然有別的情況是，例如，他經驗着這種感覺，但卻像一般人常常所做的那樣，把它歸咎到鄰人的身上。而第三點則是把它用來當作知覺，像是當人們說一個人感覺到一個桌子的時候，而且特別是在知覺多少有些模糊不定的時候。最好就是以規定如何使用這些字樣來澄清這種含混；而最好的英語習慣用法則會提示把它限於第二種意義，而為第一種意義保留着感覺一詞，為第三種意義保留着知覺一詞。

這就要求對這個論點予以重新考慮了。它的意思是說，我僅僅感覺到這種行動正在繼續着，作為當前經驗之流中的一種成分呢，還是說，我認識它是我心靈生活中具有一種確定地位的行動呢？顯然它是第二種，雖說這並不排斥第一種。我察覺到我的行動，不只是作為一種經驗而且是作為我的經驗，並且還是一種確定類型的經驗；它是一種行為，並且是一種以一定方式出現的、並具有某種認識特性以及諸如此類的思想行動。

如果它是這樣；那末就不能再說因為行動是主觀的，所以就不可能是客觀的。這樣說確實就會自相矛盾。說一種思想行為不可能是客觀的，也就是說它不可能被人認識；但是任何一個這樣說的人就因此會是要求陳述他的有關這種行為的認識。因此，他就必須對它加以修改；並且或許要說一種思想行動可以成為另一種行動的客體，但卻不是它自己的客體。然而這一點又需要加以修改，因為任何一個客體嚴格說來都不是一種行動的、而是一個行動者的客體，亦即完成那種行動的心靈的客體。確實，心靈除了它自身的活動而外就不是甚麼別的；

但它是所有這些活動的總和，而非分別地是任何一種。於是，問題便是，是否一個人完成一個認識行動，便也能認識他是在完成着或者已完成了那個行動呢？大家公認他是能夠的，否則就沒有人會知道曾經有過這樣的行動，於是也就沒有人能夠把它們稱為主觀的；但是僅僅稱它們是主觀的而並不同時也稱之為客觀的，便是在繼續假定它那真理的時候卻又要否定那種認可了。

於是，思維的行動便不僅僅是主觀的，而且也是客觀的。它不僅是一種思維，而且也是某種可以被思維的事物。但是因為(正如我已經試圖表明的)它決不僅僅是客觀的，所以它便要求以一種特殊的方式、以一種僅只適合於它自身的方式而被人思維。它不能被置於思維着的心靈之前作為一種現成的客體，被認作是獨立於那種心靈之外並且能就它的自身、就它的那種獨立性而加以研究的某種東西。就"客觀地"便排斥"主觀地"這種意義而言，它永遠也不可能被"客觀地"加以研究。它必須像它所實際存在的那樣，也就是說作為一種行動，而加以研究。而且因為這種行動乃是主觀性(儘管不單純是主觀性)或者經驗，它就只能以其自身的主觀存在而加以研究，也就是說只能被思想者加以研究，而它就是思想者的活動或經驗。這種研究不是單純經驗或意識，也甚至不是單純自我意識；它乃是自我認識。因此，思想行動之變成為主觀的，並不就中止其為客觀的；它是自我認識的客體，而與成為自我意識或察覺時的單純意識不同，並且也與成為自我認識時的單純成為自我意識不同；它是對一個人自己的思想的批判研究，而不是單純察覺到作為自己的思想的那種思想。

這裏就有可能回答一個默認的問題——這個問題，在我說一個人完成一樁認識行動也就能夠認識他"是正在完成、或者已經完成"那個行動時，就已經被公開了。這是甚麼問題呢？顯然，第一個就是，思想行動必須像它實際存在的那樣，也就是作為一種行動來加以研究。但是這並不排斥第二個。我們已經看到，如果單純的經驗被設想為一種各個相續狀態之流，那麼思想就必須被設想為能夠領會這一洪流的結構和它所顯示的各種相續形式的某種東西；那就是說，思想是能夠思想過去、也能思想現在的。因此，凡在思想研究思維本身的活動時，它就能夠同樣地研究思維過去的行動，而且把它們和現在的行動加以比較。但在這兩種情形之間卻有着一種不同。如果我現在思想到我過去有過的一種感覺，那末很可能真的是，思想着它就造成了那種感覺在現在的一種回聲，或者不然的話也是它那可

思想是能夠思想過去、
也能思想現在的。

能性有賴於那種感覺在現在的回聲的獨立出現。例如，我不能思想我曾一度感到的那種憤怒，除非是我目前在我的心靈裏至少經驗着一種憤怒的微弱振顫。但是無論這一點真確與否，我在思想着的那種實際上的過去憤怒卻是過去了並且消逝了；它並沒有重行出現，那直接經驗的長河已經把它永遠席捲走了；至多也只是重行出現了某種與它相像的東西而已。在我現在的思想和它過去的客體之間的這一時間間隙，並不是被客體的存留或者客體的復活所接連起來的，而只是由於思想有跨過這一間隙的能力；而做出這件事的思想就是記憶。

反之，如果我所思想着的是思想的一種過去的活動，例如我自己過去的一種哲學探索；那麼這個間隙就是由雙方來接連的。要終究思想到思想的那種過去的活動，我就必須在我的心靈裏復活它；因為思維行動只有作為一個行動才能加以研究。但是這樣被復活的東西，並不是老一套活動的單純回聲，不是屬於同一種類的另一個活動；它是再度從事並重演那同樣的活動，或許是為了在我自己批判的檢驗之下把它重做一遍，我就可以在其中探測出批評者所曾譴責過我的那些虛假的步驟了。在這樣重行思想我的過去的思想時，我不是單純在回憶它。我是在構造我的生活中某個階段的歷史；記憶和歷史學之間的不同是，在記憶之中過去單純是一種景觀，但在歷史學中它卻是在現在的思想之中被重演。只要這一思想是單純的思想，過去就只是單純地被重演的；只要它是對於思想的思想，過去就是作為被重演而被思想着的，而我對我自己的知識也就是歷史知識。

因此我自己的歷史並不是記憶本身，而是記憶的一種特例。當然，一個心靈不能回憶，也就不能有歷史知識。但是記憶本身僅僅是關於過去經驗本身的現在的思想，無論那種經驗可能是甚麼；歷史知識乃是記憶的那樣一種特例，其中現在思想的客體乃是過去的思想，現在和過去之間的間隙之被連接，並不只是由於現在的思想有能力思想過去，而且也由於過去的思想有能力在現在之中重新喚醒它自己。

再回到我們所假設的那個反駁者。為甚麼他認為思想行動變成為主觀的，就不再是客觀的了呢？答案現在就應該清楚了。那是因為他理解的主觀性並不是思想行動，而簡單地只是作為各種當前狀態之流的意識。主觀性對他來說，並不意味着思想的主觀性，而只是感覺的或當前經驗的主觀性〔……〕

〔……〕

〔……〕如果我現在重新思想柏拉圖的一個思

想，是否我的思想行動與柏拉圖的是同一個呢，還是與之不同呢？除非它是同一個，否則我所聲稱關於柏拉圖的哲學的知識便是徹底錯誤的。但是除非它是不同的，否則我對柏拉圖的哲學的知識便蘊涵着我自己的哲學的泯沒。如果我一定要知道柏拉圖的哲學，那末所需要的就是既要在我自己的心靈裏重新思想它，又要從我能對它進行判斷的角度思想其他事物。有些哲學家試圖解決這個難題而訴之於一種朦朧的"異中有同的原則"；他們論證説從柏拉圖到我自己存在有一種思想發展，而且任何發展着的東西始終都是與其自身同一的，儘管它變得不同了。另一些人曾公正地回答説，問題恰好是這兩種東西是如何相同而又如何不同的。答案是，在它們的直接性之中——正像實際的經驗和它們所由以產生的那種經驗整體是有機地結合在一起的那樣——柏拉圖的思想和我的就是不同的。但是在他們的轉手性之中，它們卻是相同的。這一點或許要求有更進一步的解釋〔……〕

第五節　歷史學的題材

如果我們提出這一問題：對於甚麼東西才能有歷史知識？答案就是：對於那種能夠在歷史學家的心靈裏加以重演的東西。首先是，這必須是經驗。對於那不是經驗而只是經驗的單純對象的東西，就不可能有歷史。因此，就沒有、而且也不可能有自然界的歷史——不論是科學家所知覺的還是所思想的自然界的歷史。毫無疑問，自然界包括着和經歷過各種過程，甚至於就是由各種過程所組成的；它在時間中的變化對它是根本性的，而這些變化甚至於(像有些人認為的)可能是它所具有的一切、或者就是它的一切；而且這些變化可能是真正創造性的，即不是固定的循環形態的單純重複，而是自然存在的新秩序的發展。但是所有這些都不能導向證明大自然的生命就是一種歷史的生命，或我們對它的知識就是歷史的知識。能夠存在有一部自然史的惟一條件就是，自然界的事件乃是某個或某些在思維着的人或人們的行為，而且我們由於研究這些行為就能夠發現它們所表達的思想是甚麼，並為我們自己思想這些思想。這是一個或許沒有人會聲稱已經得到了滿足的條件。因此之故，自然界的過程就不是歷史的過程，而我們對自然界的知識——雖則它可以在某些表面的方式上有似於歷史，例如都是紀年的——就不是歷史的知識。

第二，甚至經驗本身也並不是歷史知識的對象。只要它是單純的直接經驗，是包括感知、感覺等等之類的單純的意識之流，它的過程就不是一種歷史的過程。毫無疑問，那種過程不僅能夠以它的直接性為人所直接經驗，而且還能夠被人認識；它的特殊細節和它的普遍特點都能夠被思想加以研究；但研究這種過程的思想，在其中所找到的只是一種單純的研究對象，為了對這個對象加以研究，並不需要、而且確實也不可能在思想中對它加以重演。只要我們思想着有關它的特殊細節，我們就是在回憶着我們自己的經驗，或者是帶着同情和想像而進入了別人的經驗。但在這類情況中，我們並沒有重演我們所記憶的或我們所同情的那些經驗；我們只不過是在思索它們作為是我們目前自身之外的對象，或許還求助於我們自身之內所呈現的(像是它們那樣的)經驗。只要我們思考的是它的一般特點，我們就是從事於心理科學。在這兩種情況中，我們都不是歷史地在思想。

第三，甚至於思想本身——在它以其在一位個別思想家的生活中的獨一無二的普遍聯繫而作為獨一無二的思想行動的那種直接性之中——也不是歷史知識的對象。它不能夠被重演；如果它能夠的話，時間本身就會被一筆勾銷，而歷史學家也就會是他所思想的那個人一模一樣地在各個方面都復活着了。歷史學家不可能就思想的個別性而領會個別的思想行動，就像是它所實際發生的那樣。他對那種個體所領會的，僅僅是可能和別的思想行動所共有的、而且實際上是和他自己的思想行動所共有的某種東西。但是這個某種東西並不是在如下這種意義上的抽象，即它是不同的個體所共有的一種共同性質，而且可以脱離共同享有它的那些個體而加以考慮。它是思想本身的行動，是在不同的時代裏和在不同人的身上的存留和復活：一度是在歷史學家自己的生活裏，另一度是在他所敘述其歷史的那個人的生活裏。

因此，歷史學是對個體的知識這樣一句含混的話，就要求有一片過分廣闊而同時又過分狹小的領域；過分廣闊是因為被知覺的對象和自然的事實以及當前的經驗的個體性都落在它的範圍之外，而尤其是因為即使是歷史事件和人物的個體性(假如這意味着他們的獨一無二性的話)也同樣落在它的範圍之外；過分狹小則是因為它會排除普遍性，而恰好是一個事件或人物的普遍性才使之成為歷史研究的一種恰當的和可能的對象——假如我們説的普遍性是指越出了單純的區域的和時間的存在而具有一種對一切時代的一切人都有效的意義那種東西的話。毫無疑問，這些也都是含糊的話，但是它們卻企圖描述某種真實的東西；那就是思想超越它自身的直接性而存留在和復活在其他的普遍聯繫之中的那種方式。它們也企圖表示這個真理，即個別行動和人物出現於歷史上並不是以它們的個體性本身的資格，而是因為那種個體性乃是一種思想的工具——那種思想因為實際上是他們的，所以潛在地也就是人人都有的。

除了思想之外，任何事物都不可能有歷史。因此，比如說一部傳記，不管它包含着有多麼多的歷史，都是根據那些不僅是非歷史的而且是反歷史的原則所構成的。它的範圍是生物學的事件，是一個人的有機體的誕生和死亡；它的構架因此就不是思想的構架而是自然過程的構架。對這種構架——那個人的肉體生活、他的童年、成年和衰老、他的疾病和動物生存中的全部偶然事件——思想的各種浪潮(他自己的和別人的)就不顧它的結構而在交叉沖刷着，像是海水沖刷着一隻擱淺了的廢船。許多人類的感情都是和處在它那渦流之中的這種肉體生活的景象聯繫在一起的；而作為一種文學形式的傳記，則哺育着這類感情並可能供應它們以優質的糧食；但這並不是歷史。再有，在日記裏忠實保存下來的或在回憶錄裏追憶的那種直接經驗及其感覺和感情的洪流的記錄，也不是歷史。它那最好的就是詩歌，它那最壞的就是一種突出的自我中心主義；但它永遠不可能是歷史。

但是還存在着另一個條件，沒有它一件事物就永遠也不可能成為歷史知識的對象。歷史學家和他的對象之間的時間鴻溝，像我説過的那樣，必須從兩端來加以銜接。對象必須是屬於這樣的一種，它自身能夠在歷史學家的心靈裏復活；歷史學家的心靈則必須是可以為那種復活提供一所住宅的心靈。這並不是指他的心靈必須是某種具有歷史氣質的，也不是指他必須在歷史技術的特殊規則方面受過訓練。它指的是，他必須是研究那個對象的適當人選。他所研究的是某種思想，而要研究它就包括要在他自己身上重演它；並且為了使它得以出現在他自己思想的直接性之中，他的思想就必須仿佛是預先就已經適合於成為它的主人。這並不蘊涵着歷史學家的心靈和它的對象兩者間有一種預定的調和(在這個詞句的技術性的意義上)〔……〕

如果一個歷史學家所研究的東西與他自己的心靈格格不入，因為它所要求於他的是他應當去研究那些不合心意的主題，或者因為它們是“屬於這樣一

商務印書館 讀者回饋咭

請詳細填寫下列各項資料，傳真至2764 2418，以便寄上本館門市優惠券，憑券前往商務印書館本港各大門市購書，可獲折扣優惠。

所購本館出版之書籍：＿＿＿＿＿＿＿＿

購書地點：＿＿＿＿＿＿＿＿ 姓名：＿＿＿＿＿＿＿＿

通訊地址：＿＿＿＿＿＿＿＿

電話：＿＿＿＿＿＿＿＿ 傳真：＿＿＿＿＿＿＿＿

電郵：＿＿＿＿＿＿＿＿

您是否想透過電郵收到商務文化月訊？ 1□是 2□否

性別：1□男 2□女

年齡：1□15歲以下 2□15-24歲 3□25-34歲 4□35-44歲 5□45-54歲 6□55-64歲 7□65歲以上

學歷：1□小學或以下 2□中學 3□預科 4□大專 5□研究院

每月家庭總收入：1□HK$6,000以下 2□HK$6,000-9,999 3□HK$10,000-14,999 4□ HK$15,000-24,999 5□HK$25,000-34,999 6□HK$35,000或以上

子女人數（只適用於有子女人士） 1□1-2個 2□3-4個 3□5個以上

子女年齡（可多於一個選擇）1□12歲以下 2□12-17歲 3□17歲以上

職業：1☐僱主　2☐經理級　3☐專業人士　4☐白領　5☐藍領　6☐教師
7☐學生　8☐主婦　9☐其他

最多前往的書店：____________________

每月往書店次數：1☐1次或以下　2☐2-4次　3☐5-7次　4☐8次或以上

每月購書量：1☐1本或以下　2☐2-4本　3☐5-7本　4☐8本或以上

每月購書消費：1☐HK$50以下　2☐HK$50-199　3☐HK$200-499
4☐HK$500-999　5☐HK$1,000或以上

您從哪裏得知本書：1☐書店　2☐報章或雜誌廣告　3☐電台　4☐電視　5☐書評/書介
6☐ 親友介紹　7☐商務文化網站　8☐其他 (請註明：__________)

您對本書內容的意見：____________________

____

您有否進行過網上買書？　1☐有　2☐否

您有否瀏覽過商務文化網站 (網址：http://www.commercialpress.com.hk)？ 1☐有　2☐否

您希望本公司能加強出版的書籍：

1☐辭書　2☐外語書籍　3☐文學/語言　4☐歷史文化　5☐自然科學　6☐社會科學
7☐醫學衛生　8☐財經書籍　9☐管理書籍　10☐兒童書籍　11☐流行書
12☐其他（請註明：__________）

根據個人資料「私隱」條例，讀者有權查閱及更改其個人資料。讀者如須查閱或更改其個人資料，請來函本館，信封上請註明「讀者回饋咭-更改個人資料」

歷史學家的思想必須淵源於他全部經驗的有機統一體。

個時期”，他自己那被引入歧途的良知在幻想着他應當對它面面俱到地加以處理；如果他試圖掌握他本人所無法鑽進去的那種思想的歷史；那末他就不是在寫它的歷史，而是僅僅在重複着那些記錄了其發展的外部事實的陳述了：姓名和日期，以及現成的描述性的詞句。這樣的重複或許可以很有用，但卻並非因為它們是歷史。它們都是些枯骨，但也可能有朝一日會成為歷史的——當甚麼人有能力把它們用既是他自己的、而又是它們的思想的血肉裝飾起來的時候。這只是在以一種方式說，歷史學家的思想必須淵源於他全部經驗的有機統一體，而且必須是他整個的人格及其實踐的和理論的興趣的一種功能。幾乎沒有必要補充說，因為歷史學家是他那時代的產兒，所以便存在着一種普遍的可能性，即凡是使他感興趣的東西也會使他同時代的人感興趣的。這是為人熟知的事實，每一代都發現自己對於其祖先來說只是枯骨、毫無意義的東西的那些領域和方面感到興趣，因此才能夠歷史地加以研究。

因此，歷史知識就是以思想作為其固定的對象的，那不是被思想的事物，而是思維這一行動的本身。這一原則已經供我們在一方面區別了歷史學和自然科學的不同，作為是對一個給定的或客觀的世界的研究之不同於思想着它的這一行動；而另一方面又區別了歷史學和心理學的不同，心理學是對直接的經驗、感知和感覺的研究，那儘管是心靈的活動，卻不是思維的活動。但是這一原則的積極意義，還需要更進一步確定。要包括在"思想"這個名詞之下的，究竟意味着有多少內容？

"思想"這個名詞，就像它迄今為止用在本節和以前各節中的，一直代表着經驗或心靈活動的某種特定的形式；它的特點可以消極地被描述為：它不僅僅是當前的，所以也就並不被意識之流所席捲而去。而它那區別思想與單純意識的積極特點則是，它有能力認識，自己的活動乃是貫徹於它自己各種行動的分歧性之中的一種單一的活動〔……〕

因此，思想的特點就是，它不是單純的意識，而是自我意識。自我，作為單純的意識就是一股意識之流，是當前感知和感覺的一個系列；但是作為單純的意識，它並沒有察覺到它自己是那樣一股意識之流；它不知道它自己的連續性貫徹在各種經驗的前後相繼之中。察覺到了這種連續性的活動，就是我們所稱之為的思維。

但是這一有關我自己的思想，作為一種感覺活動（它始終是貫穿着它的各種不同的行動的同一個活動）僅僅是思想最萌芽的形式。它由於從這個出發點向外朝着各個不同的方向活動而發展為其他各種形

思想的特點就是，
它不是單純的意識，
而是自我意識。

式。有一件它可以做的事就是，要逐漸更清楚地察覺這種連續性的確切性質；不是僅僅把“我自己”設想為以往曾有過若干經驗但不能明確它們的性質，而是考慮這些經驗具體地都是些甚麼，即記憶它們並以它們和當下的現在進行比較。另一件它可以做的事就是分析現在的經驗本身，在其中區別出感覺的行動和被感覺到的東西之不同，並且設想出被感覺到的乃是某種東西，它那實在性(像是我自己作為感覺者的實在性一樣)並不是它那對我感覺的當前存在所能窮盡的。沿着這兩條路線前進，思想就變成了記憶，即有關我自己的經驗之流的思想，而知覺就變成了關於我所經驗的東西之作為某種真實的東西的思想。

它所發展的第三條途徑就是，認識我自己不僅僅是一個有感知的人而且還是一個在思想着的人。在記憶和知覺中，我所做的已經不止於是享受當前經驗之流而已，我還在思想着；但我並沒有(簡單地在記憶或知覺本身之中)察覺到我自己是在思想着。我僅僅察覺到我自己是在感覺着。這種察覺已經是自我意識或思想了，但它是一種不完全的自我意識，因為我在具有它時，只是在完成我所沒有意識到的某種心靈活動，亦即思維。所以我們在記憶或感知本身之中所做的思維，就可以稱之為無意識的思維；那並不是因為沒有意識我們也能做到它(因為要能做到它，我們就必須不僅僅是有意識的，而且是自我意識的)，而是因為我們做到它而無需意識到我們正在做它。意識到我正在思維，也就是以一種新的方式在思想，我們可以稱它為反思。

歷史思維總是反思；因為反思就是在思維着思維的行動，而且我們已經看到一切歷史思維都是屬於這一類的。但是哪一類的思維才能是它的對象呢？有沒有可能研究我們剛剛所稱為的無意識的思維的歷史呢，還是歷史研究的思維必須是有意識的或反思的思維呢？

這等於是在問，究竟能不能有一種記憶的或知覺的歷史。而顯然的是，那是不可能有的。一個人要坐下來寫記憶的歷史或知覺的歷史，就會發現沒有甚麼東西可寫。可以設想，人類不同的種族(而且因此，不同的人們)曾經有過不同的記憶或知覺的方式；而且還可能，這些不同有時並不是由於生理的差別(例如不發達的顏色感，這一點根據很可疑的理由而被説成是希臘人所特有的)，而是由於不同的思想習慣。但是如果存在着不同的知覺方式，它們由於這種原因在過去曾經到處流行過，而現在卻沒有被我們所採用，那末我們就不能重行構造它們的歷史了，因為我們不能隨意地重演那些恰當的經驗；

歷史思維總是反思；
因為反思就是在思維着思維的行動。

而這又是因為它們所由以形成的那種思想習慣乃是"無意識的"，因此就不能有意地加以復活〔……〕

因此，為了使任何一種個別的思想行動成為歷史學的題材，它就必須不僅僅是思想的一種行動，而且還必須是反思思想的一種行動；那也就是，它是一種在它被完成的意識之中被完成的思想，而且是被那種意識構成了它之所以為它。做出這件事的努力，必然不止於是一種單純的意識的努力而已。它決不是要做出我們自己也不知道要做甚麼的那種盲目的努力，就像是努力去追憶一個已經忘記的名字或是去知覺一種混亂不堪的對象那樣；它必須是一種反思的努力，是那種要做出我們在做它之前就對它有了一個概念的某種事物的努力。反思的活動就是我們知道在其中我們想要做的是甚麼事的一種活動，所以在它完成時，我們就由於看到它符合了成其為我們對它的最初概念的那種標準或規範而知道它是完成了。因此，它就是我們由於預先知道如何完成它，便能以完成的一種行動。

並非一切的行動都屬於這一類。撒末爾·巴特勒[①]說一個嬰兒必定知道怎樣吮奶，否則嬰兒就不會吮奶了，這時他就從單方面混淆了這個問題；又有人從相反的方面混淆了這個問題，主張我們永遠也不知道我們所要做的是甚麼，除非我們已經把它完成了。巴特勒是企圖證明那些非反思的行動實際上是反思的，他誇大了生活中理性的地位，為的是反對當時流行的唯物主義；而其他那些人則爭辯說，反思的行動實際上乃是非反思的，因為他們把一切經驗都設想為直接的。就其直接性作為一種獨一無二的個體而言——以其全部完整的細節、而且處於惟有在其中它才可能有直接的存在的那種充分的普遍聯繫之中——則我們未來的行動肯定是決不可能預先被計劃出來的；不管我們把它想得多麼仔細，它總會包含有許多東西是沒有預見到的和令人驚訝的。但要推論說因此它根本就不可能有計劃，便暴露出它的當前存在乃是它所具有的惟一存在這一假設了。一種行動不止於是一個單純的獨一無二的個體，它還是某種具有普遍性質的東西；而且在一種反思的或有意的行動(這種行動我們不僅是在做，而且是在做出以前就有意要做了)的情況中，這種普遍的性質也就是在做出這一行動本身之前我們在思想裏所設想的這一行動的計劃或觀念；並且也就是在我們做出了它時，對我們賴以知道我們已經做出了我們所想要做的事的衡量標準。

有某幾種行動除非是根據這些條件便不可能做到：那就是說，除非是由這樣一個人來做到，他反思地知道他是在試圖做甚麼，並且因此在他已經做

***一種行動不止於是一個單純的
獨一無二的個體，它還是某種具有
普遍性質的東西。***

出它時，就能夠根據他的意圖來判斷他自己的行為。這些行動的特點是，它們應當像我們所說的，是"有目的地"做出來的；也就是應當有一個目的作基礎，行動的結構就建立在那上面，而且還必須與之相符合。反思的行動可以大致描述為是我們根據目的所做出的行動，而且這些行動是可以成為歷史學的題材的惟一的行動。

〔……〕

〔……〕現在就可以認為，一切有目的的行為都必定是實踐的行為，因為其中有兩個階段：首先是設想這個目的，這是一種理論活動或純粹思想的行動；然後是執行這個目的，這是伴隨理論活動的實踐活動。根據這種分析就可以得出，行動就這個詞的狹隘的或實踐的意義而言，乃是有目的地所能夠做出的惟一的事。但是有人可以論證說——你並不能夠有目的地去思想；既然是如果你在執行你自己思想的行動之前就先設想了它，你就會是已經執行它了。由此可以得出，理論活動是不可能有目的的；它們彷彿必須是在暗中完成的，而對於從事這些活動會出現甚麼結果卻是毫無概念。

這是一個錯誤，但它是一個對歷史學理論有點興趣的錯誤，因為它實際上已經影響了歷史編纂學的理論和實踐達到了一種程度，竟使得人認為歷史學惟一可能的題材就是人類的實踐生活。歷史學只關注着而且只能關注着僅僅像是政治、戰爭、經濟以及一般說來屬於實踐世界的東西；這種觀點現在仍然廣泛流行，而且在過去曾經幾乎一度是普遍的。我們已經看到，甚至於曾經那麼高明地表明了哲學史應如何寫作的黑格爾，也在他的論歷史哲學的講演裏委身於這種見解，認為歷史的固有題材就是社會和國家，是實踐的生活，或者(用他自己的技術語言來說)就是客觀精神，即把自己外在地表現為行為和制度的精神。

今天，再沒有必要來論證藝術、科學、宗教、哲學以及諸如此類都是歷史研究的固有題材了；它們之被人歷史地加以研究的這一事實是太為人所熟知了。但是鑑於上面所敘述的相反的論證，卻有必要問一問為甚麼會是如此。

首先是，一個從事純粹理論思維的人是沒有目的地在行動着，這一點並不是真實的。一個人在進行某項科學工作時，如探索瘧疾的原因時，他在心靈裏總有着一個十分明確的目的：即要發現瘧疾的原因。確實，他並不知道這個原因是甚麼；但是他知道在他找到它時，他就由於把從一開始就在他面前的某些測驗或標準應用到他的發現上面而會知道他已經找到了它。於是，他那發現的計劃便是將會

思想作為理論活動，不可能是道德的或不道德的；它只可能是真的或假的。

滿足這些標準的一種理論的計劃。對歷史學家或哲學家來説，情形也一樣。他從來也不是航行在一片未標出航線的海洋上；他的航行圖不管內容是多麼不詳盡，卻是標誌着有經緯線的，而他的目的則是要發現在圖上那些經緯線之間要注上些甚麼東西。換句話説，每項實際的探索都是從某個確定的問題出發，而探索的目的則是要解決那個問題；因此進行發現的計劃就是已知的，而且是被如下的説法所規定的，即無論這一發現可能是甚麼，但它必須是能夠滿足這一問題的條件。正像在實踐活動的情況中那樣，這一計劃當然也要隨着思想活動的前進而改變；有些計劃因為行不通而被放棄了並代之以其他的計劃，有些計劃則成功地得到實現並被發現導致了新問題。

其次，設想一個目的和執行一個目的之間的不同，並沒有正確地被描述為是理論行動和實踐行動之間的不同。設想一個目的或者形成一種意圖，已經就是一種實踐活動了。它並不是構成為行動的先行站的思想；它本身就是行為的開始階段。如果這一點不能馬上為人承認，那麼還可以通過考慮一下它的涵義而為人承認。思想作為理論活動，不可能是道德的或不道德的；它只可能是真的或假的。成為道德的或不道德的，必須是行為。現在假定有一個人形成了要謀殺或奸淫的意圖，然後又決定不去實現他的意圖；那麼這種意圖本身已經暴露出他應根據道德的理由而受到譴責。這並不是要說他："他精確地設想了謀殺或奸淫的性質，所以他的思想就是真的，因而是值得欽佩的"；而是要說他："他無疑地還沒有壞到像已經把他的意念貫徹到底的地步；但是謀劃着這種行為總歸是罪惡的。"

因此，科學家、歷史學家和哲學家並不亞於實際生活中的人，也是按照計劃在進行他們的活動的，是有目的地在思維的，因而達到的結果是可以按照從計劃本身之中所得出的標準來加以判斷的。因此之故，就可能有有關這些事物的歷史。所需要的一切只是，應當有着關於這類思維是怎樣完成的證據，還有歷史學家應當能夠解釋它，也就是應當能夠在他自己的心靈裏重演他所研究着的思維，想像它所由以出發的那個問題，並且重建那些企圖解決它的步驟〔……〕

〔……〕

① 撒末爾·巴特勒(1835-1902)，英國社會批評家、哲學家和小説家。——譯者

第六節　歷史和自由

我已經提出過，我們研究歷史乃是為了獲得自我認識。借着説明這個論點，我將試圖表明我們關於人類的活動是自由的這種知識，是怎樣只是通過我們之發現歷史才被取得的。

在我對歷史的觀念的歷史概述中，我曾試圖表明歷史學最後是怎樣逃出了對自然科學的學徒狀態的。可是，歷史自然主義的消失卻包含着更進一步的結論，即人所賴以建築起來他自己那經常變動着的歷史世界的這種活動乃是一種自由的活動。除了這種活動而外，再沒有別的力量能控制它或改變它，或迫使它以這樣的和那樣的方式來行事，以建立起某一種而不是另一種世界。

這並不意味着一個人永遠可以自由做他所高興做的事。所有的人在他們一生中的某些時刻，是可以自由做他們所想要做的事情的：例如，餓了要吃或累了要睡。但是這和我所提到的問題毫無關係。吃和睡是動物的活動，是在動物的嗜慾的強迫之下進行的。歷史學並不涉及動物的嗜慾以及它們的滿足或挫折〔……〕

這也並不意味着一個人可以自由做他所選擇的事情；在歷史學本身固有的領域中，與動物嗜慾的領域不同，人們可以自由計劃他們所認為是適當的行為和執行他們自己的計劃，每個人都在做他所規劃去做的事，而且每個人要為它們的後果承擔充分的責任，每個人都是自己靈魂的指揮者，等等。沒有甚麼能比這一點更加虛假了的〔……〕

歷史學家所必須研究的那種理性活動，永遠也不可能擺脱強迫，即必須面對着自己的局勢中的各種事實的那種強迫。它越是有理性，就越發完全地經受着這種強迫。要有理性，也就是要去思想；而對一個打算要行動的人，要加以思想的最重要的事便是他所處的局勢。就這個局勢而言，則他是一點也不自由的。這就是它的實際情況，而無論是他、還是其他任何人都永遠不能改變這種情況。因為儘管局勢完全是由思想——他自己的或別人的思想——所組成的；它卻不能由於他自己的或別人方面的心靈的改變而改變。如果他們的心靈確實是改變了，這只不過是意味着隨着時間的推移，已經出現了一種新局勢。對一個要採取行動的人來説，這種局勢就是他的主宰、他的神諭、他的上帝。他的行為將證明成功與否，就取決於他是否正確地把握了這種局勢。如果他是一個聰明人，非到他請教過了他的神諭，做出了力所能及的每一件事來發現這種局勢是甚麼，他甚至於是不會作出最微小的計劃來的。但是如果他忽視了這種局勢，這種局勢卻不會忽視他。它可不是那樣一位神明，會放過一種侮辱而不施以懲罰的。

歷史中所存在的自由就在於這一事實，即那種強迫並不是由其他任何東西而是由人類理性自身所強加給它自身的活動的。這種局勢，即他的主人、神諭和上帝，乃是一種它自己所創造的局勢。我這樣說的時候，我的意思並不是說一個人發現自己所處於其中的那種局勢，其存在只是因為一些其他人通過一種理性的活動已經創造了它(這種理性活動在性質上和他們的後繼者發現自己是處於其中、並在其中依照他自己的想法而行動的那種並沒有不同)；我的意思也不是說，因為人類的理性總是人類的理性，不論它在其身上發生作用的那個人的名字叫甚麼，所以歷史學家便可以忽視這些個人之間的區別，不是說人類理性已經創造了它發現自己是處於其中的那種局勢。我的意思是指與這種見解頗為不同的某種東西。一切歷史都是思想的歷史；而當一個歷史學家說一個人處於某種局勢之中時，這就等於是說他想他是處於這種局勢之中的。這種局勢中的各種困難事實——那對他來說是太重要了而不能不正視——也就是他對這種局勢的設想方式中的各種困難事實。

〔……〕

他所研究其行為的那些人，在這種意義上就是自由的；這一發現是每個歷史學家一旦對他自己的課題達到了一種科學性的掌握時，馬上就會做出的發現。在這種情形出現時，歷史學家也就發現了他自己的自由；那就是，他發現了歷史思想的那種自律性格，即它以自己的方法為它自己解決自己的問題的力量。他發現，對於他作為歷史學家來說，把這些問題交給自然科學去解決，是何等地不必要而又是何等地不可能；他發現了以他作為歷史學家的資格，他既有可能而又有必要為他自己解決這些問題。正是與他作為歷史學家發現了他自己的自由的同時，他就發現了人作為歷史的代理人的自由。歷史思想，即關於理性活動的思想，是不受自然科學的統治的；並且理性的活動也是不受自然界的統治的。

這兩種發現之間的聯繫的密切性，可以用這種說法來表示，即它們是以不同的言詞在說着同一個的東西。可以這樣說，把一個歷史的代理人的理性活動描述為是自由的，只是以一種轉彎抹角的和偽裝的方式在說，歷史學乃是一種自律的科學。或者也可以這樣說，把歷史學描述為是一種自律的科學，只不過是以一種偽裝的方式在說，它是研究自由活動的科學。對我本人來説，我應當歡迎這兩種説法的任何一種，因為它提供了證據，表明那樣説的人目光之深遠足以看透歷史學的本性並發現：(a) 歷史思想是不受自然科學的統治的，並且是一種自律的科學；(b) 理性的行為是不受自然的統治的，並且根據它自己的命令和以它自己的方式在建築起它自己有關人類事務——Res Gestae〔事跡〕——的世界；(c) 這兩個命題之間有着一種密切的聯繫。

但在同時，我也應該發現在這兩種陳述中都有證據表明，做出這種陳述的那個人不能（或者為着別有目的而決定承認他自己不能）區別一個人所説的東西和他所説的東西裏蘊涵着的東西，那就是説，他不能區別語言的理論（或美學）和思想的理論（或邏輯）；因此，至少是在目前，就靠玩弄文字的邏輯，把兩種互相蘊涵的思想之間的邏輯聯繫，和"代表同一個事物"的那兩組文字之間的語言學聯繫，混為一談。

我也應該看到，他之企圖取消邏輯的問題而代之以語言學的問題，並不是根據對語言性質的任何公正的欣賞；因為我應該看到在兩種同義語的文字表達中，他是在假定其中之一是真正地而恰當地指"它所代表"的事物，而那另一種在指這一點的則只不過是因為這一不充分的理由，即使用它的人是用它在指這一點的。所有這一切都是很可爭論的。我不想贊同這類的錯誤，而寧願把問題留在我原來留下來的地方，並且寧願説這兩種陳述(即歷史學是一種自律的科學這一陳述，和理性的活動在上述的意義上是自由的這一陳述)並不是文字上的同義語的形式，而是表達了兩種發現中的任何一種在沒有得出另一種發現時，它本身就不可能得出來〔……〕

但是我並不把問題就留在這裏，因為我希望指出我現在所考慮的這兩種陳述中，有一種必然要先於另一種。只有使用歷史方法，我們才能夠發現有關歷史研究的對象的任何事物。沒有人可以斷言，自己比那些聲稱掌握着有關過去所做過的某些行為的知識的歷史學家們知道得更多；而且他還是以這樣一種方式知道這一點的，以致於他竟能使自己和別人都滿足於那種毫無根據的聲明。結果就是，我們在能夠把握人類活動是自由的這一事實以前，就必須首先在歷史研究中達到一種真正科學的、因而也就是自律的方法。

這一點可能看來是違反事實的；因為確實有人會説，早在歷史學藉以把自己提升到一種科學高度的那場革命以前，很多人就已經察覺到人類的行為是自由的了。對於這一反駁，我將提出兩點答案，它們並不互相排斥，但是有一點是比較浮淺的，而

沒有人可以斷言，自己比那些聲稱掌握着有關過去所做過的某些行為的知識的歷史學家們知道得更多。

另一點則我希望是更深刻一些的。

(i) 或許他們察覺到了人類的自由，但是他們掌握了它麼？他們這種察覺是一種配得上科學這一稱號的知識嗎？當然不是；因為在那種情況下，他們就會不僅僅是相信它，他們還會以一種系統的方式認識它，於是對它就不會有爭論的餘地——因為那些相信它的人會理解他們信念的根據，而且還能夠令人信服地陳述它們。

(ii) 即使是歷史學藉以成為了一種科學的那場革命只不過大約有半個世紀之久，我們卻決不可被"革命"一詞所欺騙。早在培根和笛卡爾由於公開闡明自然科學方法所根據的那些原則，從而進行了自然科學的革命以前，人們就到處在使用這些同樣的方法了，有些人用得比較經常，另有些人則用得比較稀少〔……〕人類自由這一真理在17世紀被人所掌握的那種偶發的和間斷的方式，至少可以這樣說，可能就是這種偶發的和間斷的對科學歷史學方法的掌握的一個後果。

第七節　歷史思維所創造的進步

“進步”這個名詞，像它在19世紀那樣膾炙人口地被人所使用時，包括着兩種應該很好地加以區別的事物：即在歷史中的進步和在自然中的進步。對於在自然中的進步，“進化”一詞已經是那麼廣泛為人應用，以至可以接受它當作是它確定的意義。而且為了不致於混淆這兩種事物起見，我把我使用“進化”一詞僅限於那種意義上，而以“歷史的進步”這個名稱來區別另一種意義。

“進化”是一個用於自然變化過程的名詞，只要是它們被設想為是把新的物種形式帶進了自然。作為進化的自然概念，決不可和作為過程的自然概念相混淆。即使就後一個概念而論，關於自然過程也仍然可能有兩種見解：或則是，自然界中的各種事件在品種上是彼此重複的，而物種的形式則貫穿着它們個別事例的分歧性而始終保持不變，“所以自然的過程乃是同一的”，而且“未來將有似過去”；或則是，物種形式本身也經歷着變化，而新的形式就通過改造舊的形式而產生。這第二種概念就是“進化”所意味的東西。

〔……〕

但是人性是進化過程的最崇高的結果這一觀

人類歷史是服從於進步的必然規律的。

點，毫無疑問地構成為被自然規律所保證的19世紀那種歷史進步概念的基礎。事實上，那個概念有賴於兩種假設或兩組假設。首先是，人乃是、或者在他自身之內包含着某種具有絕對價值的東西；所以自然過程在其進化之中，只要是導致人類存在的一種有次序的過程，就是一場進步。從這一點就可以得出，既然人顯然並未控制着導致他自己生存的那個過程，所以在自然本身之中就有着一種內在的傾向要實現這種絕對的價值；換句話說，"進步乃是一項自然規律"。其次是這一假設，即人作為自然的產兒是服從於自然規律的，而歷史過程的規律和進化規律乃是同一回事；亦即歷史過程是屬於自然過程的同一類的。由此就得出，人類歷史是服從於進步的必然規律的；換句話說，它所創造的社會組織、藝術和科學以及諸如此類的新品種的形式，每一種都必然是對前一種的一項改進。

"進步的規律"這一觀念，可以由於否定這兩種假設中的任何一種而受到攻擊。人們可以否定人自身之中具有任何有絕對價值的東西。人們可以說，人的理性只是做到了使他成為最兇惡的和最有破壞性的動物，那倒不如說是大自然的一樁錯誤或者一種殘酷的開心，而並不是甚麼她的最崇高的傑作；人的道德性僅僅是(像近代的行話所說的)他設計出來為了自己遮蔽起他那獸性的粗暴事實的一種合理化或者思想意識而已；從這種觀點來看，導致他的存在的那種自然過程，就不能再被看成是一種進步了。但是更進一步，如果歷史過程的概念作為自然過程的單純的擴大而被否定了，正如它所必定要被任何健全的歷史理論所否定的那樣；那麼就可以得出，在歷史之中並不存在着自然的(而且在那種意義上也就是必然的)進步規律。任何特殊的歷史變化是否就成為一場改進的這個問題，因此之故就必須成為要根據它在每一種特殊情況中的成效來加以回答的一個問題了。

"進步的規律"這一概念——即歷史的進程是這樣地被它所支配着，以至於人類活動前後相續的各種形式的每一種都顯示出是對於前一種的一次改進——因此就是純屬一種思想混亂，是由人類對自己超過自然的優越性的信念和自己只不過是自然的一部分的信念這二者間的一種不自然的結合而哺育出來的。如果其中一種信念是真的，另一種便是假的；它們不可能被結合在一起而產生出邏輯的結果來。

而且在一種給定的情況中，一場歷史變化究竟是不是進步的這個問題，也是得不到答案的，直到我們能肯定這類問題有一種意義為止。在它們被提

歷史的進步只不過是人類活動本身的別名，它們是各種行動的相續。

出之前，我們必須詢問歷史進步的意義是指甚麼，既然它已經和自然的進步區別了開來；而且如果它意味着甚麼東西，那末這種意義是否可以適用於我們所考慮的那種給定情況。説因為歷史進步聽命於自然規律的這種概念是毫無意義的，所以歷史的進步這一概念本身也就是毫無意義的——這樣做出假定，就未免太草率了。

那麼，假定“歷史的進步”這個説法仍然可能具有一種意義，我們就必須詢問它是甚麼意義。由於進化觀點的污染已經把它弄得混亂不堪的這一事實，並不就證明它毫無意義；相反地，它卻提示着它在歷史經驗中有着某種基礎。

作為初步企圖規定它的意義，我們可以這樣提出，歷史的進步只不過是人類活動本身的別名，它們是各種行動的相續，其中每一種都是從前面一種產生的。每種行動我們都可以研究其歷史，不管它是屬於哪一類；每種行動在一系列的行動中都具有它的地位，並在其中創造出一種下一個行動所必須加以應付的局勢。已經完成的行動就引起了新的問題；總是這個新問題、而不又是那個老問題，才是新行動所必須加以解決的〔……〕他的形勢總是在變化着，他用以解決它所提出的各種問題的思想行動也就總是在變化着。

〔……〕

歷史進步的觀念，如果説它是指甚麼東西的話，那末它指的就不僅僅是產生了屬於同樣品種類型的、而且是產生了屬於新的品種類型的那些新行為或新思想或新局勢。所以它就預先假定了這種品類的新穎性，並且就作為改進而存在於這些概念之中〔……〕

但是根據誰的觀點來看，它才是一項改進呢？這個問題必須提了出來，因為從一種觀點看來成為一項改進的，可能從另一種觀點看來卻相反；如果還有第三種觀點能對這種衝突做出不偏不倚的判斷，那末這種不偏不倚的判斷的資格就必須加以確定。

讓我們首先根據與它有關的人們的觀點來考慮這種改變：老的一代仍然在使用老方法，年青的一代則已採用了新方法〔……〕

〔……〕

我們後面將要看到，就其全體來判斷某一種生活方式的價值這一任務，乃是一樁不可能的任務，因為從沒有這類的事物是以其全體而成為歷史知識的一種可能的對象的。企圖知道我們所無法知道的事物，乃是產生錯覺的一種可靠的方式。要判斷一個歷史時期或人類生活的一種形態作為整體而言，

原始時期、偉大時期和衰頽時期之間的區分，並不是、而且永遠不可能是歷史的真相。

是不是比起它的前人來表現了進步——這種企圖就造成了一種很容易識別的類型的錯覺。它們的特點是把某些歷史時期貼上美好的時期、或歷史的偉大時代的標籤，而把另一些時期貼上惡劣的時期、或歷史衰頹或貧困的時代的標籤。那些所謂的美好時期，就是歷史學家深入到它們的精神裏面去的那些時期——或者是由於有大量證據的存在，或者是由於他自己有能力來重行生活它們所享有的那種經驗。而那所謂的惡劣時期，則要末是有關的證據是相對地稀少的時期，要末是它們那生活，由於他自己的經驗和他的時代所產生的原因，是他無法在他自身之中重行建造的那些時期。

在今天，我們經常遇到一種歷史觀點是以這種方式包括着美好的和惡劣的時期的，而惡劣的時期之被區分為原始的時期和衰頹的時期，則視其先於還是後於那些美好的時期而定。這種原始時期、偉大時期和衰頹時期之間的區分，並不是、而且永遠不可能是歷史的真相。它告訴了我們許多有關研究那些事實的歷史學家們的事，但卻沒有一點是有關他們所研究的事實的。它就像我們自己這樣的一個時代所具有的特點，在這裏歷史受到廣泛的、成功的但是折衷的研究。每一個我們對其具有勝任的知識的時期（說勝任的知識，我的意思是指對它那思想具有洞見，而不是單單是熟悉它的遺文遺物），從時間的透視中看過去，都是一個輝煌的時代；這種輝煌乃是我們自己的歷史洞見的光輝。相形之下，那些介乎其間的時期，相對地說來而且在不同的程度上，就被人看作是“黑暗時代”了；我們知道這些時代曾經存在過，因為在我們的編年史中它們也佔有着一段時間間距，而且關於它們的著作和思想我們可能有大量的遺物，但是在其中我們卻不能發現真正的生活，因為我們不能在我們自己的心靈裏重演那種思想。這種光明與黑暗的模型，是由歷史學家的知識和無知的分配所形成的視覺上的錯覺；這從不同的歷史學家和不同世代的歷史思想來勾繪它的不同方式，是顯而易見的。

就是這種視覺上的錯覺，以一種較簡單的形式影響了18世紀的歷史思想，並且奠定了為19世紀所接受的那種進步教條的基礎。當伏爾泰提出“一切歷史都是近代史”①，以及關於15世紀末葉以前沒有任何事物是真正能夠為人所知時；他就一舉而說出了兩件事：即早於近代的事都是不可知的，以及更早的事都是不值得知道的。這兩件事是同一件事。他之無力根據古代世界的和中世紀的文獻來重建真正的歷史，乃是他之所以相信那些時代是黑暗的和野蠻的根源。從原始時代直到今天，作為進步的歷史觀念，對於那些相信它的人來說，都是他們的歷史視野只局限於最近的過去這一事實的一個簡單的結果。

因此，關於有一種單一的歷史進步導致了今天那一古老的教條和關於歷史周期(即一種多重的進步導致了“偉大的時代”，而後又導致衰頹)這一近代的教條，就都僅僅是歷史學家的愚昧無知在過去的屏幕之上的投影罷了。但是，若把這些教條撇在一旁，是不是進步的觀念就除此以外再沒有其他的基礎了呢？我們已經看到，有一種條件是觀念可以據之以表現一種真正的思想的，而不是一種盲目的感情或一種單純的愚昧狀態。這種條件就是，使用進步這個名詞的人應當把它用之於比較兩種歷史時期或兩種生活方式，而這兩者他都能歷史地加以理解，那就是說能以足夠的同情和洞見為自己重建它們的經驗。他必須使他自己和他的讀者都滿意於，在他自己的心靈裏沒有任何死角、在他的學識裝備中沒有任何缺陷，足以妨礙他進入這一種經驗之中，就像他進入另一種之中同樣地那麼充分。滿足了這種條件之後，他就有資格提問從第一種到第二種的變化是不是一個進步了。

但是在他問這個問題時，他確切地是在問甚麼呢？顯然地，他並不是在詢問第二種是不是更接近於他作為自己的生活方式而接受的那種生活方式。由於在他自己的心靈裏重演了兩種之中的每一種經驗，他便接受了它作為一種要根據其自身的標準而加以判斷的事物，即具有其自己的問題的一種生活形式；那是要根據它解決那些問題成功與否、而不是根據甚麼別的來加以判斷的。他也並不假定，兩種不同的生活方式都是企圖要做同一件事情；而且並不問第二種是不是比第一種做得更好。巴赫[2]並不打算像貝多芬那樣作曲，卻失敗了；雅典並不是要產生出羅馬來的一種相對的不成功的企圖；柏拉圖就是他本人，而不是一個半發展了的亞里士多德。

這個問題只有一種真正的意義。如果思想在其最初階段，在解決了那一階段的最初問題之後，就由於解決這些問題而帶來了另一些使它遭遇挫敗的問題；並且如果這第二種思想解決了這另一些問題而並未喪失其解決第一種的據點，從而就有所得而並沒有任何相應的所失；那末就存在着進步。並且也不可能再存在有甚麼根據任何其他條件的進步。但如果有任何所失的話，那末得失相權衡的這個問題就是無法解決的。

按照這個定義，要問任何一個歷史時期作為一個整體而言，是不是表明了自己超越其前人的進

一個農民的幸福是不會被包含在一個百萬富豪的幸福之中的。

步，這種提問就是廢話了。因為歷史學家永遠也不可能把任何一個時期當作一個整體。關於它的生活，必然有大片地帶要末是他並沒有掌握材料的，要末是沒有材料是他所處的地位能夠加以解釋的。例如，我們無從知道希臘人以音樂經驗的方式都享受過些甚麼，雖然我們知道他們高度評價音樂，但我們現在沒有足夠的資料。而在另一方面，雖然我們並不缺乏有關羅馬宗教的材料，我們自己的宗教經驗卻並不屬於那樣的一種，可以使我們有資格在我們自己的心靈裏重建它對他們所意味着的東西。我們必須選定經驗的某些方面，並把我們對進步的探索限定在這些方面。

我們能夠談論幸福、或舒適、或滿足的進步嗎？顯然不能。不同的生活方式之間的分化，最明顯的莫過於它們由於人們所習慣享受的各種事物之間的、他們所感到舒適的那些條件之間的和他們所認為滿意的那些成就之間的不同而分化了。在一個中世紀的茅舍裏感到舒適的問題和在一個近代的貧民窟裏感到舒適的問題，是那樣地不同，以致於並不存在對它們進行甚麼比較；一個農民的幸福是不會被包含在一個百萬富豪的幸福之中的。

〔……〕

在這類的意義上和在這類的情形中，進步就是可能的。它是否在實際上已經出現，在何時、何地並以何種方式出現，則是歷史思想所要回答的問題。但是還有另一件事是要歷史思想來做的，那就是要創造這種進步本身。因為進步不僅僅是一件要由歷史思維來發現的事實，而且還是只有通過歷史思維才能完全出現的。

這樣說的理由是，在它出現的那些(無論是常見的或是罕見的)情況中，進步僅只是以一種方式出現的：即心靈在一個階段裏保留着前一階段所成就的一切。這兩個階段是相聯繫着的，不僅僅是通過一一相繼的方式，而且還是通過連續性的方式——並且是一種特殊的連續性。如果愛因斯坦在牛頓的基礎上作出了前進，他是由於知道牛頓的思想並把它保留在他自己的思想中而作出了前進的；那是在這種意義上，即他知道牛頓的問題是些甚麼和他怎樣解決了它們；並且把這些解決辦法中的真理從任何阻止了牛頓再向前進的錯誤之中清理出來，從而就這樣在自己的理論中進行清理這些解決辦法。毫無疑問，他可以做到這一點而自己並不必讀過牛頓的原著；但他卻不能不從某個人那裏接受過牛頓的學說。因此，牛頓在這樣一種普遍聯繫之中就不是代表一個人，而是代表一種理論，它支配着一定時期的某個科學思想。只有在愛因斯坦知道那種理論作為科學史上的一件事實，他才可能在這個理論上作出一種前進。因此，牛頓就是以任何過去的經驗都活在歷史學家的心靈之中的那種方式而活在愛因斯坦之中，正如過去的經驗是作為過去——即作為與他有關的那種發展的出發點——而為人所知，但它卻又是在此時此地和它自身的發展一起被重演；那種發展部分地是建設性的或積極的，而部分地則是批判性的或消極的。

其他的任何進步也都是同樣的。如果我們想要消滅資本主義或戰爭，而且在這樣做時，不僅是要摧毀它們，並且還要創造出更美好的東西來；那末我們就必須從理解它們而開始；要看出我們的經濟體系或國際體系所成功解決了的問題都是些甚麼，而且這些問題的解決又是怎樣和它所未能解決的其他問題相關係着的。這種對於我們準備要取而代之的體系的理解，乃是我們必須在取而代之的工作之中始終保留着的一種東西，作為制約着我們創造未來的一種有關過去的知識。也許要做到這一點是不可能的；我們對我們所要摧毀的東西的那種憎恨也許會妨礙我們去理解它，而且我們又可能是那麼熱愛它，以至於我們不可能毀掉它，除非是我們被那種憎恨所蒙蔽。但如果是那樣的話，就會又一次像在過去常常發生的那樣出現一種變化，但並不是一種進步；我們在急於要解決下一組問題時，就會喪失對於這一組問題的掌握。而我們到了現在就應該認識到，並沒有甚麼自然界的仁慈的法律可以挽救我們脫離我們愚昧無知的結果。

---

① 《哲學辭典》，《歷史學》條；《全集》第四十一卷（1784年版），第45頁。

② 巴赫（1685-1750），德國作曲家。——譯者

本書繁體字版由北京商務印書館授權出版

歷史的觀念(精選本)

作　　者：【英】柯林武德
譯　　者：何兆武　張文杰
選 編 者：張文杰
責任編輯：蘇　榮
封面設計：陳穎欣
封面圖像：北角官立上午小學
出　　版：商務印書館(香港)有限公司
香港筲箕灣耀興道3號東滙廣場8樓
http://www.commercialpress.com.hk
印　　刷：美雅印刷製本有限公司
九龍觀塘榮業街6號海濱工業大廈4樓A
版　　次：2002年7月第1版第1次印刷

ISBN 962 07 5408 5
Printed in Hong Kong